용선생 교과서 세계사 2

저자 소개

글 송용운 | 사회평론 역사연구소 연구원
연세대학교에서 경제학을 공부하고, 같은 학교 대학원에서 한국 중세사를 전공했습니다. 대학에서 강의하면서 '교육'에 대해 고민하기 시작했습니다.『용선생의 시끌벅적 한국사』,『용선생 만화 한국사』,『용선생 교과서 한국사』(이상 공저) 등을 썼습니다.

글 김언진 | 사회평론 역사연구소 연구원
국어교육을 전공했고, 초·중등학생을 대상으로 국어 및 독서 논술 교재 콘텐츠를 연구 개발했습니다. 어린이책을 만들며 교육에 대한 오랜 꿈을 이뤄가고 있습니다.『용선생이 간다』,『용선생 15분 세계사 독해』(이상 공저)를 썼습니다.

글 길병민 | 서울 목일중학교 교사
고려대학교에서 역사교육과 지리교육을 전공하였습니다. 어떻게 해야 아이들이 역사를 조금 더 쉽고 재밌게 배울 수 있을지를 고민하며 현재 같은 학교 대학원에서 역사 교과서와 교육과정에 대해 연구하고 있습니다.

글 한승준 | 서울 개웅중학교 교사
고려대학교에서 역사교육을 전공하고 현재 중학교에서 학생들을 가르치고 있습니다. 유튜브 채널 '안녕 역사'를 통해 더 많은 학생들에게 쉽고 재미있는 수업을 하고자 노력하고 있습니다.

글 김보미 | 서울대학교 사회학과 박사 수료
서울대학교 대학원에서 사회사/역사사회학을 공부했습니다. 먼 옛날 먼 나라의 역사가 오늘의 우리를 빚어냈다는 데 매력을 느낍니다. 어린이들이 역사를 통해 더 넓은 세상을 접할 수 있기를 희망합니다.

글 정엄지 | 한국예술종합학교 예술사
한국예술종합학교에서 문학을 공부했습니다. 역사 속 인물들의 이야기를 오늘날 우리가 살아가는 시대와 연결지어 글을 쓰고 있습니다.

그림 뭉선생
2006년 LG·동아 국제 만화 공모전 극화 부분 당선으로 작품 활동을 시작하였습니다.『우주를 여는 열쇠』,『용선생 만화 한국사』,『용선생 처음 한국사』,『용선생 교과서 한국사』 등을 그렸습니다.

감수 전국초등사회교과모임
전국 초등학교 선생님들이 모여 활동하는 교과 연구 모임입니다. 역사, 사회, 경제 수업을 연구하고, 학습 자료를 개발하며, 아이들과 박물관 체험 활동을 해 왔습니다.『용선생의 시끌벅적 한국사』,『용선생 교과서 한국사』,『옹주의 결혼식』,『서찰을 전하는 아이』, '웅진 사회학습 만화 Think' 시리즈의 감수를 맡았습니다.

캐릭터 이우일
이 책의 캐릭터는 이우일 작가가 그린『용선생의 시끌벅적 한국사』의 그림입니다.

용선생 교과서 세계사

절대 왕정부터 현대 세계까지

2

글 사회평론 역사연구소
그림 뭉선생
감수 전국초등사회교과모임
캐릭터 이우일

사회평론

책의 구성과 활용법

세계사도 용선생의 강의로
쉽고 재미있게

안녕, 세계사도 용선생과 함께 쉽고 재미있게 풀어 가 보자.

너희들 중학교에서는 세계사를 한국사보다 먼저 배운다는 걸 알고 있니? 초등학교에는 세계사 내용이 아예 없는데, 갑자기 세계사가 나오니까 아이들이 다들 당황해 하더라고. 시작하자마자 메소포타미아, 옥타비아누스처럼 낯선 말들이 나오니까 그럴 수밖에. 게다가 유럽 이야기 하다가 갑자기 중국 이야기를 하고, 내용도 너무 많아서 흐름을 잡기가 힘들다는 거야!

그래서 이 용선생이 중학교 세계사가 어렵지 않도록 어려운 용어와 개념을 친절히 소개하고, 흐름이 쉽게 잡히도록 핵심 사건들을 중심으로 책을 구성했어. 책의 전체 구성은 중학교 교과서가 낯설지 않도록 중등 교과 과정을 따르고 있지. 중요한 용어는 붉은색으로 표시해 뒀으니 한 번 더 읽어 보도록 해. 그리고 가장 중요한 핵심어들은 [교과서 핵심어]라고 표시해 뒀으니 이 단어들은 꼭 기억해 두자.

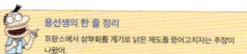

지도 위에 펼쳐지는 세계의 역사

'한국사도 어려운데 세계사까지?'라고 생각했는데, 완전 나의 착각이었지 뭐야.
훨씬 더 넓은 지역에서 다양하고 많은 이야기를 만나니 몇 배는 더 재밌더라고.

그런데 이렇게 재밌는 세계사를 배우는 데 딱 하나 걸리는 게 있어.
이 사건이 인도에서 있었던 일인지, 중국에서 있었던 일인지.
또 중앙아시아, 서유럽 그러는데 그건 도대체 어디를 말하는지.
이런 게 어려워서 재미있는 세계사가 싫어질 뻔한 거 있지?

그래서 용선생님이 아주 친절하게 지도를 보여주시며 설명을 해 주시더라고.
'읽기 전에 미리 보는 세계 지도'를 매일 보면서 대륙과 바다를 익히고,
주요 사건마다 나와 있는 지도를 계속 보다 보니 나중에는 머릿속에 세계 지도가 그려지더라고!
처음에는 '지도가 왜 이렇게 많아?' 했는데, 나중에는 지도만 봐도 사건이 떠올랐지.

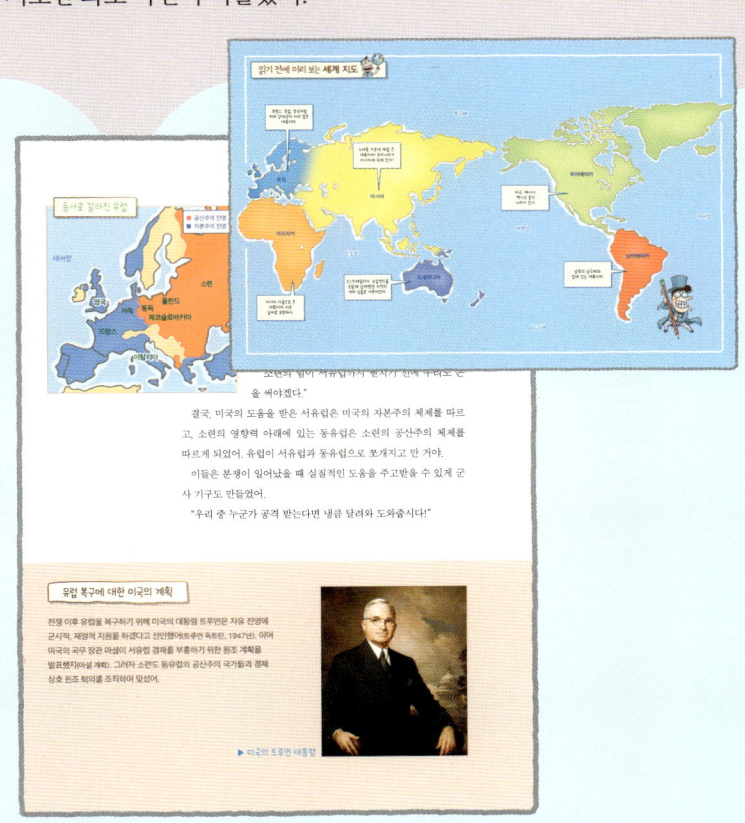

아이들의 호기심은 물론, 깊이 있는 내용과 한국사 연계까지 담은 정보 박스

선생님 이야기를 듣다 궁금한 것들이 있더라고.
그래서 책 옆쪽에 내 질문이랑 선생님의 답을 모아 두었어.
또 완전 딴나라 이야기인 줄 알았는데, 그게 알고 보니 우리나라 역사와도 연결이 되어 있더라고.
'질문 있어요!', '세계사 더 읽기', '세계사 속 한국사'까지 코너들만 모아 봐도 공부가 될 정도야.

누나! 가장 중요한 코너를 빠뜨렸잖아.
바로 내가 소개하는 '곽두기의 용어 사전' 말이야.
세계사 책에는 어려운 말들이 많아서 책 읽기가 어렵다는 친구들이 많은데,
말뜻을 알고 나면 사건의 내용까지도 쉽게 정리가 되더라고.
세계사에는 한자어 외에 영어나 프랑스어, 그리스어에서 온 말들도 많은데
이런 말들도 걱정 말고 이 곽두기만 믿으라구!

중학교 세계사까지 대비할 수 있는
정리 노트와 확인 문제

책을 열심히 읽었는데, 내용이 정리가 안 된다는 친구들이 있더라고.
걱정 마. 용선생님의 수업을 열심히 듣고 주요 내용만 뽑아서 내가 정리했거든.
내가 만든 세계사 노트를 보면서 앞의 내용들을 한 번 더 떠올려 보면 좋아.

수재의 노트까지 봤다면 내가 준비한 문제들로 확인까지 해 보길 바라.
읽을 때는 다 아는 것 같았는데, 막상 문제를 보니까 생각이 안 난다고?
괜찮아. 앞의 내용을 다시 찾아보는 것도 공부에 도움이 되니까
겁내지 말고 찾아 보자.

문제 풀기가 끝나면 재밌는 만화가 우리를 기다리고 있어!
역사의 뒷이야기, 유명한 문학 작품들도 소개하고 있다니까
꼭 챙겨 봐야겠지?

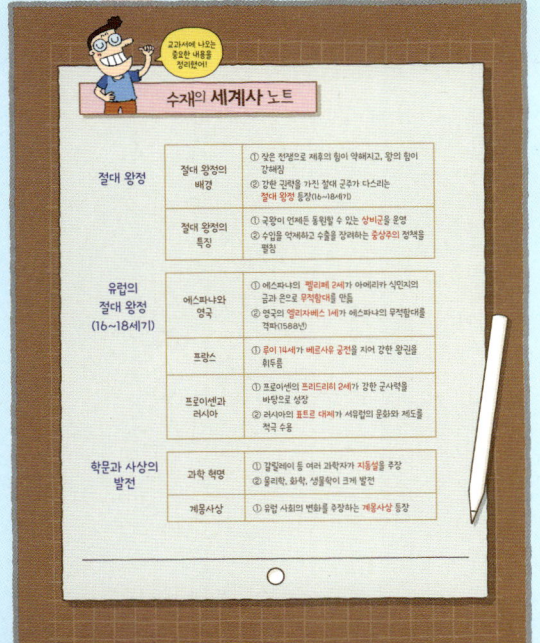

읽기 전에 미리 보는 **세계 지도**

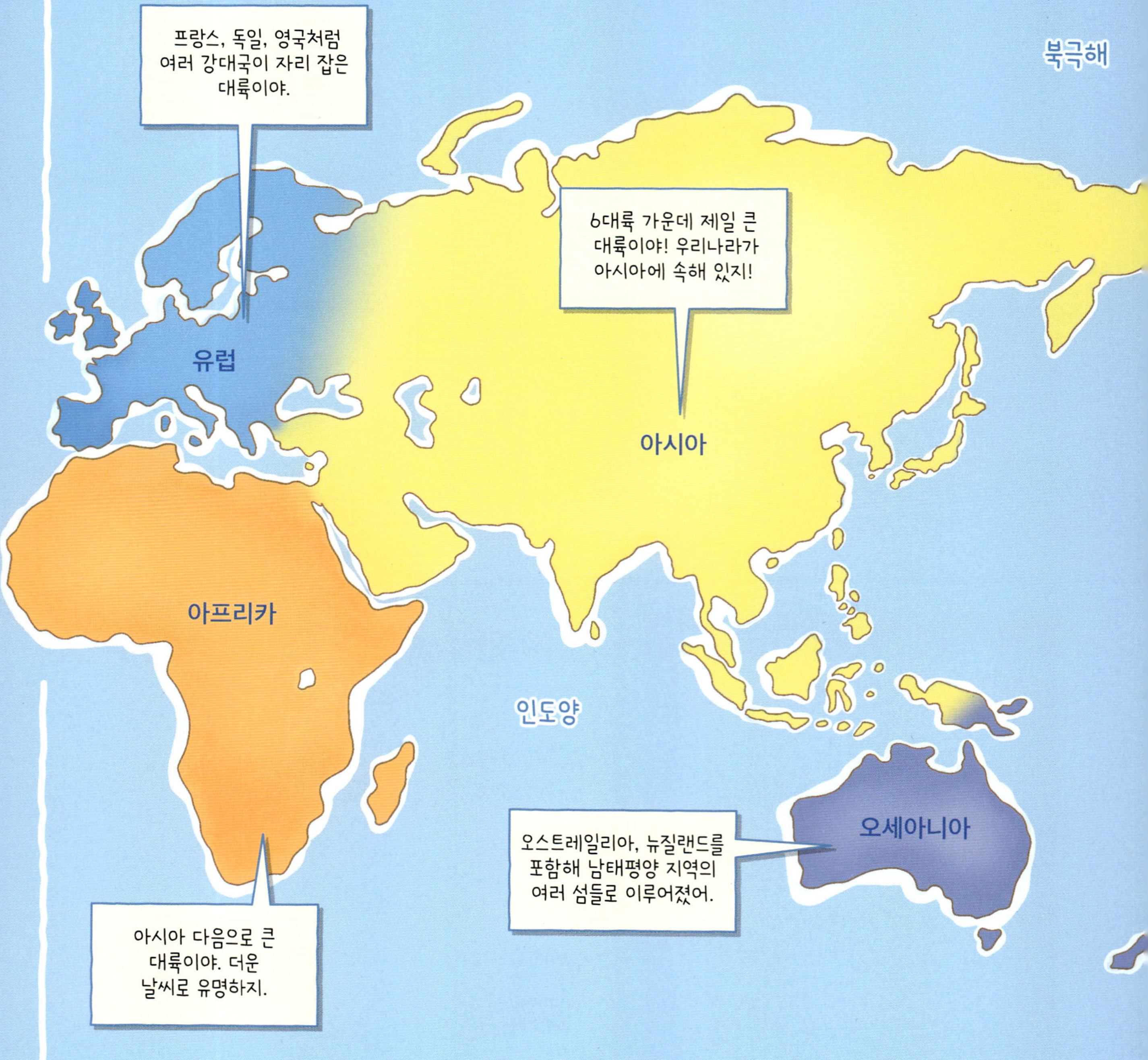

북극해

프랑스, 독일, 영국처럼 여러 강대국이 자리 잡은 대륙이야.

유럽

6대륙 가운데 제일 큰 대륙이야! 우리나라가 아시아에 속해 있지!

아시아

아프리카

인도양

오세아니아

오스트레일리아, 뉴질랜드를 포함해 남태평양 지역의 여러 섬들로 이루어졌어.

아시아 다음으로 큰 대륙이야. 더운 날씨로 유명하지.

차례

01
유럽과 아메리카에 새로운 나라가 들어서다

교과 연계

초등학교 사회 6-2
1. 세계 여러 나라의 자연과 문화

중학교 역사 ①
Ⅲ. 지역 세계의 교류와 변화
Ⅳ. 제국주의 침략과 국민 국가 건설 운동

1 절대 군주들이 지배한 유럽 014
수재의 세계사 노트 29
세계사 능력 시험 30
만화 | 감자 대왕? 프리드리히 32

월 일

2 시민 혁명으로 새로운 나라가 나타나다 034
수재의 세계사 노트 49
세계사 능력 시험 50
만화 | 나폴레옹의 백일천하 52

월 일

3 유럽과 아메리카에 들어선 민족 국가 054
수재의 세계사 노트 69
세계사 능력 시험 70
만화 | 링컨의 게티즈버그 연설 72

월 일

4 산업 혁명으로 사회가 변화하다 074
수재의 세계사 노트 89
세계사 능력 시험 90
만화 | 역사반의 공장 견학 92

월 일

02 전 세계가 전쟁의 소용돌이에 휩싸이다

교과 연계

초등학교 사회 6-2
1. 세계 여러 나라의 자연과 문화

중학교 역사 ①
Ⅳ. 제국주의 침략과 국민 국가 건설 운동
Ⅴ. 세계 대전과 사회 변동

1 제국주의 국가들이 세계를 나눠 갖다 ... 096
- 수재의 세계사 노트 ... 111
- 세계사 능력 시험 ... 112
- 만화 | 아프리카 탐험가, 데이비드 리빙스턴 ... 114

월 일

2 중화민국이 탄생하다 ... 116
- 수재의 세계사 노트 ... 131
- 세계사 능력 시험 ... 132
- 만화 | 태평천국, 스스로 무너지다 ... 134

월 일

3 일본이 아시아 최강국이 되다 ... 136
- 수재의 세계사 노트 ... 151
- 세계사 능력 시험 ... 152
- 만화 | 막부를 지키는 무사들, 신센구미 ... 154

월 일

4 제1차 세계 대전의 소용돌이 속에서 ... 156
- 수재의 세계사 노트 ... 171
- 세계사 능력 시험 ... 172
- 만화 | 참호전의 비극 ... 174

월 일

03 제2차 세계 대전과 오늘날의 세계

교과 연계

초등학교 사회 6-2
1. 세계 여러 나라의 자연과 문화
2. 통일 한국의 미래와 지구촌의 평화

중학교 역사 ①
Ⅴ. 세계 대전과 사회 변동
Ⅵ. 현대 세계의 전개와 과제

1 호황과 불황, 계속되는 위기 ... 178
- 수재의 세계사 노트 ... 193
- 세계사 능력 시험 ... 194
- 만화 | 자동차왕 포드의 비밀 ... 196

월 일

2 또다시 일어난 세계 대전 ... 198
- 수재의 세계사 노트 ... 213
- 세계사 능력 시험 ... 214
- 만화 | 안네가 기록한 제2차 세계 대전 ... 216

월 일

3 냉전으로 국제 사회가 얼어붙다 ... 218
- 수재의 세계사 노트 ... 233
- 세계사 능력 시험 ... 234
- 만화 | 유대인의 나라 이스라엘이 세워지다 ... 236

월 일

4 현대 사회의 세계 질서 ... 238
- 수재의 세계사 노트 ... 253
- 세계사 능력 시험 ... 254
- 만화 | 우리가 만들어 갈 미래 ... 256

월 일

한눈에 보는 세계사 연표	258	찾아보기	266
정답 및 해설	260	사진 제공	268

01

유럽과 아메리카에 새로운 나라가 들어서다

교과 연계

초등학교 사회 6-2 1. 세계 여러 나라의 자연과 문화
중학교 역사 ① Ⅲ. 지역 세계의 교류와 변화
　　　　　　　Ⅳ. 제국주의 침략과 국민 국가 건설 운동

1. 절대 군주들이 지배한 유럽
2. 시민 혁명으로 새로운 나라가 나타나다
3. 유럽과 아메리카에 들어선 민족 국가
4. 산업 혁명으로 사회가 변화하다

1 절대 군주들이 지배한 유럽

신의 심부름꾼, 절대 군주

적이 쳐들어왔다!

유럽은 십자군 전쟁 이후에도 전쟁이 끊이질 않았어. 영국과 프랑스는 거의 100년 동안이나 전쟁을 치렀지. 이렇게 전쟁이 계속되면서 정치적으로도 큰 변화가 나타났어. 강력한 왕권을 가진 왕들이 나타나기 시작한 거야.

전쟁에서는 무엇보다 온 나라의 힘을 하나로 모으는 게 중요해. 전쟁이 일어나면 왕을 중심으로 나라의 군대가 움직였지. 반면, 기사들은 전쟁에 나섰다가 죽기도 하고, 자신의 장원을 돌보지 못해 몰락하며 점점 힘을 잃어 갔어. 그러자 자연스럽게 왕의 힘이 점점 강해질 수밖에 없었지.

수백 개의 제후국으로 나뉘어 있던 유럽에 왕을 중심으로 한 큰 나라들이 등장하기 시작했어. 대표적인 나라가 바로 영국, 프랑스, 에스파냐 등이었지. 왕의 권한이 강해지자 왕들은 자신의 권한이 신이 내려 준 신성한 것이라 주장하기 시작했어.

"왕은 신의 심부름꾼이다. 신을 대신해서 백성들을 다스리는 것이다!"

16세기에서 18세기에 이르기까지 이런 주장을 내세우며 강력한 권력을 휘두른 유럽의 왕들을 **절대 군주**라고 해. 그리고 절대 군주들이 펼친 정치를 ★교과서 핵심어 **절대 왕정**이라고 하지. 다른 귀족들과는 비교가 안 되게 절대적인 권력을 가졌다는 뜻이야.

절대 군주들은 계속해서 전쟁을 치르기 위해 강력한 군사력이 필요했어. 그래서 그때그때 군대를 모으는 게 아니라 늘 전쟁 준비가

 질문 있어요!

100년 동안이나 전쟁을 치렀다고요?

14~15세기에 영국과 프랑스가 왕위 계승과 영토를 둘러싸고 100년 넘게 전쟁과 휴전을 반복했어. 그래서 이 전쟁을 100년 전쟁이라고 해. 영웅 잔 다르크가 등장해 프랑스의 승리로 막을 내렸지.

내 말을 거역하는 건 곧 신의 말에 거역하는 것!

나는 신의 심부름꾼!

되어 있는 상비군을 마련했지. 그런데 상비군을 운영하기 위해서는 필요한 것이 있었어. 바로 돈이야.

"나라에 돈이 많아야 전쟁에서 살아남을 수 있다. 더 많은 금과 은을 가져와라!"

유럽의 왕들은 다른 나라에 수출을 많이 해서 돈을 모으려고 했어. 이 과정에서 해외 식민지는 매우 유용했지. 국내에서 만든 물건을 식민지에 내다 팔면 되니까 말이야. 아메리카나 아시아에서 들여오는 수입품들도 큰 돈벌이가 되었어.

나라에서는 식민지의 물건을 사고팔 상인을 임명하고, 그들에게 세금을 받는 식으로 상업을 장려했어. 이렇게 나라가 앞장서서 상업을 장려하고 나라의 살림살이를 늘리려는 정책을 중상주의라고 해.

절대 군주는 상비군을 동원하여 전쟁에 나섰고, 전쟁에 승리하면서 자신의 권위를 더욱 높일 수 있었어. 이런 경쟁에서 먼저 앞서 나간 나라는 단연 에스파냐였지.

에스파냐는 아메리카 곳곳에 식민지를 만들었어. 그런데 이들 식민지에서 금과 은이 발견되면서 에스파냐는 큰 부자가 되었지. 은은 무역에서 돈처럼 쓰였으니 그야말로 돈벼락을 맞은 셈이었어.

에스파냐의 절대 왕정을 상징하는 인물은 펠리페 2세야. 그는 아메리카에서 가져오는 돈을 전쟁에 쏟아부었어. 특히 대규모의 함대를 만드는 데 큰 공을 들였지.

당시에 지중해에서는 이슬람 국가인 오스만 제국이 가장 강력했어. 펠리페 2세는 크리스트교 세계를 지켜야 한

펠리페 2세
(1527년~1598년)
에스파냐의 황금기를 이끈 왕이야. 무적함대를 만들어 지중해 해상권을 장악했지.

다는 명분으로 큰 규모의 신식 함대를 만들어 오스만 제국에 대항했지.

"오스만 제국에게 크리스트교의 위대함을 보여 주자!"

1571년, 펠리페 2세는 크리스트교의 여러 나라와 연합하여 '레판토'라는 곳에서 오스만 제국의 함대와 일대 격전을 벌였어. 병력에서는 오스만 제국이 더 우세해 보였지. 하지만 에스파냐의 함대는 최신식 대포로 무장하고 있었어. 무기에서 뒤처진 오스만 제국의 함대는 에스파냐 함대에 접근하기도 어려웠지.

결국 이 전투에서 에스파냐가 중심이 된 크리스트교의 함대가 승리를 거뒀어(레판토 해전, 1571년). 이 승리로 에스파냐의 함대는 '**무적 함대**'라는 별명을 얻게 되었지. 유럽 최강의 함대로 인정받은 거야!

펠리페 2세에 이어 여러 나라에서 절대 군주들이 등장했어. 16세기에서 18세기에 이르는 시기에 유럽의 절대 군주들이 다스리는 시대가 열린 거야.

용선생의 한 줄 정리

왕들의 권력이 강해지면서 유럽에 절대 왕정이 등장했어. 에스파냐의 펠리페 2세는 오스만 제국을 물리쳤지.

영국의 엘리자베스가 무적함대를 물리치다

엘리자베스 1세
(1533년~1603년)
영국의 여왕이야. 에스파냐의 무적함대를 물리치고 영국이 발전하는 토대를 마련했어.

 세계사 더 읽기

유럽 왕실의 결혼

유럽 왕실이나 귀족들은 정치적인 목적으로 결혼하는 경우가 많았어. 에스파냐의 펠리페 2세는 영국에서 영향력을 넓히기 위해 엘리자베스의 언니인 메리와 결혼했는데, 메리가 죽자 그 동생인 엘리자베스에게 청혼하기도 했지.

"폐하, 이웃 나라 왕이 편지를 보내왔습니다."

'여자의 몸으로 혼자 나라를 다스리기 쉽지 않을 것이오. 내가 그대와 결혼해서 그 힘든 일을 맡아 주리다.'

편지를 본 영국의 **엘리자베스** 여왕은 분노가 치밀었어. 유럽에서는 간혹 여성이 왕이 되는 일이 있긴 했지만, 주변에 권력을 노리고 접근하는 세력이 많았지.

하지만 엘리자베스도 호락호락하지 않았어. 엘리자베스는 아직은 변두리의 섬나라인 영국을 장차 유럽에서 손꼽히는 강대국으로 만들려는 야망을 가지고 있었어. 그리고 그 꿈을 위해 자신의 개인적인 행복은 희생해도 좋다고 생각했지.

"나는 이미 영국과 결혼한 몸이다!"

엘리자베스는 주변의 충고에도 불구하고 평생 독신으로 살 것을 맹세했어. 그리고 영국을 강대국으로 만드는 데 최선을 다했지.

나라의 힘을 키우기 위해 돈이 필요했던 엘리자베스는 우선 에스파냐의 금과 은을 빼앗기로 했어.

"우리도 신대륙의 금과 은을 손에 넣어야 한다. 해적이라도 상관없다! 영국을 강하게 할 수 있는 자라면 누구든 이용할 것이다."

엘리자베스는 유명한 해적 드레이크에게 에스파냐의 배들을 공격해도 좋다고 허락했어. 이렇게 나라의 허락을 받은 해적선을 사략선이라고 해. 영국의 사략선에 에스파냐는 큰 피해를 입었지.

"영국이 해적 놈들 뒤를 봐주고 있다고? 안 되겠군. 영국을 혼쭐내야겠다."

에스파냐의 펠리페 2세는 무적함대를 총출동시켰어. 이에 맞서 영국도 해적까지 포함해 병력을 총집중했어. 그리고 자신들에게 익숙한 영국과 프랑스 사이의 좁은 해협으로 에스파냐의 함대를 끌어들였지. 이 해협은 파도가 거친데다 바람도 변덕스러운 곳이었거든.

영국군은 배에 불을 붙여 에스파냐 함대쪽으로 떠내려 보냈어. 때마침 몹시 거친 바람이 불어 에스파냐의 함대는 우왕좌왕할 수밖에 없었지. 이때를 틈타 영국 함대가 힘을 합쳐 공격하자, 무적함대는 허무하게 무너져 버렸어(칼레 해전, 1588년). 변방의 섬나라로만 생각했던 영국이 유럽 최강의 무적함대를 물리친 거야!

용선생의 한 줄 정리
엘리자베스 여왕이 에스파냐를 공격하고, 무적함대를 물리쳤어.

루이 14세, 프랑스의 절대 권력을 가지다

"오늘은 국왕 폐하 옆자리에서 식사를 할 수 있을까?"

"폐하의 눈에 들려면 이 빨간색 옷을 입는 게 낫겠어."

파리 외곽에 있는 베르사유 궁전은 파티를 준비하는 귀족들로 소란스러웠어. 프랑스의 귀족들은 국왕 루이 14세에게 잘 보이기 위해 옷을 화려하게 차려입고, 행동 하나하나를 조심스럽게 했지. 왕의 눈에 들어야 높은 자리도 받을 수 있고, 권력을 누릴 수 있었거든.

루이 14세는 절대 왕정을 대표하는 인물로서, 프랑스 역사상 가장 강력한 왕권을 휘둘렀던 왕이야. 하지만 처음부터 강력한 왕권을 가진 것은 아니었어. 루이 14세는 어린 나이에 왕이 되었는데, 귀족들이 반란을 일으켜 목숨을 잃을 뻔한 적도 있었거든.

"귀족들은 언제든지 배신할 수 있어. 그러니 항상 내 눈앞에 두고 감시해야겠군."

루이 14세는 파리 근처에 거대한 베르사유 궁전을 지었어. 베르사유 궁전은 당시 유럽의 여러 나라가 부러워하는 매우 호화로운 궁전이었지. 그리고 여기에 귀족들을 불러 모아 매일 같이 파티를 열며 지냈어.

루이 14세
(1638년~1715년)
프랑스의 국왕이야. 화려하고 거대한 베르사유 궁전을 짓고 절대 왕권을 휘둘렀지.

▼ **베르사유 궁전**
루이 14세가 파리 외곽에 지은 궁전의 모습이야. 유럽의 많은 궁전이 베르사유 궁전을 모방해 지어졌지.

"정말 꿈을 꾸는 것 같아요. 이렇게 화려한 장식품들이라니!"

"폐하를 직접 뵙는 특권도 누릴 수 있으니 더 바랄 게 없지요."

귀족들은 작은 일이라도 맡아서 루이 14세의 눈에 들고 싶어 했어. 베르사유 궁전에는 아주 작은 일까지 정해진 역할이 있었거든. 왕의 옷을 갈아입히는 사람, 궁궐에 촛불 켜는 사람까지 모두 역할이 있었어. 총 1만 명 정도의 사람이 베르사유 궁전에 살았다고 해.

그런데 베르사유 궁전에서 열리는 파티는 정치적인 목적이 있는 파티였어. 겉으로는 귀족들과 화려한 파티를 즐기는 것처럼 보였지만 사실은 그게 아니었어. 루이 14세는 귀족들을 하나하나 감시하고 있었거든.

귀족들이 파티에 정신을 쏟는 사이 나랏일은 유능한 관료들이 처리했어. 덕분에 이 시기의 프랑스는 나라 살림이 크게 풍족해졌지. 어느새 프랑스는 십만 명이 넘는, 유럽 최대 규모의 상비군을 가지게 되었어. 강력한 군사력으로 유럽 각국과 전쟁을 벌였고, 유럽 최강국의 자리에까지 서게 되었지.

루이 14세가 다스리던 1600년대 프랑스는 유럽에서 인구도 가장 많은 나라였어. 같은 시기 영국의 4배, 네덜란드의 10배나 되었다고 해. 심지어는 유럽 여러 나라가 너무 강력해진 프랑스에 대항하기 위해 동맹을 맺을 정도였지. 여러 나라는 프랑스와 루이 14세를 따라잡으려고 노력했단다.

용선생의 한 줄 정리

프랑스의 루이 14세는 절대적인 권력을 누렸고, 이 당시 프랑스는 유럽 최강국이었어.

중부 유럽의 새로운 강자, 프로이센

프랑스에서 동쪽으로 가면 독일 지역이야. 여기는 신성 로마 제국이 자리 잡고 있었어. 하지만 황제가 전 지역을 다스리는 게 아니라, 황제와 여러 제후들이 나라를 나눠 다스리고 있었지. 프로이센은 이런 제후국 가운데 하나였어.

독일 지역은 유럽의 한가운데 있는 데다, 여러 제후가 경쟁하다 보니 전쟁터가 되는 일이 많았어. 그리고 한번 전쟁이 일어나면 프랑스 같은 주변의 강대국들이 끼어들어 많은 사람이 죽고 땅은 황폐화되기 일쑤였지.

"전쟁에서 살아남기 위해 우리는 무엇보다 강한 군대를 가져야 한다."

프로이센은 강한 군대를 키우기 위해 노력했어. 그런데 군대를 키우려면 많은 돈과 인구가 필요했지. 나라의 돈과 인구를 늘리기 위해 프로이센은 종교의 자유를 허락하기로 했어.

당시 유럽은 종교 개혁 이후에 가톨릭과 신교를 믿는 사람들이 갈등하고 있었어. 신교를 믿는 사람들은 가톨릭을 믿는 제후들에게 탄압 받는 일이 많았지. 그런데 신교를 믿는 사람 중에는 돈 많은 상공업자가 많았거든. 그 사람들이 종교의 자유를 찾아 프로이센으로 모여든 거야. 이렇게 프로이센은 인구와 돈을 많이 늘릴 수 있었어.

프로이센의 위치

프로이센은 18세기 프리드리히 때 전성기를 맞았어. 프리드리히는 잘 훈련된 상비군으로 군사력을 튼튼히 했지. 프랑스보다 병력은 적었지만, 혹독한 훈련을 받은 정예병으로 구성한 군대 덕분에 주변 나라에서 결코 얕볼 수 없었어. 프리드리히는 군대를 직접 이끌고 전쟁에 나가 승리를 거두기도 했지.

프리드리히는 전쟁에서 이기는 것뿐만 아니라, 국민을 행복하게 하는 것이 자신이 할 일이라고 생각했어.

"나는 국민을 위해 프로이센에서 첫째가는 머슴이 되겠다."

프리드리히는 수도 베를린에 유명한 철학자와 작가를 초대해 학문을 장려했어. 또 교육을 중요하게 생각해서 세계 최초로 모든 국민이 의무적으로 교육을 받는 의무 교육을 실시하려고 했지. 성직자와 귀족들의 반대로 결국 실패하고 말았지만, 다른 나라들보다 몇백 년이나 앞서 이런 시도를 했다는 건 매우 의미 있는 일이었어.

프리드리히가 다스리는 동안 프로이센은 유럽의 강국으로 확실히 자리 잡을 수 있었어. 프로이센은 이후 독일로 발전하게 되는데, 그 토대를 프리드리히가 다졌다고 할 수 있지.

▶ 프리드리히 2세
(1712년~1786년)
프로이센을 중부 유럽의 강국으로 성장시킨 왕이야. '프리드리히 대왕'이라고도 불러.

 **용선생의 한 줄 정리**
중부 유럽의 프로이센은 프리드리히 때 유럽의 강국으로 자리 잡았어.

◀ 브란덴부르크 문(독일 베를린)
독일의 수도 베를린의 상징적인 건축물이야. 프리드리히 이후 프로이센의 강력함을 과시하기 위해 만들었어. 냉전 시대에는 동베를린과 서베를린을 나누는 경계이기도 했지.

서유럽을 따라잡자, 표트르 대제

낙후
기술, 문화, 생활 등이 일정한 수준에 미치지 못하고 뒤떨어지는 걸 말해.

표트르 1세
(1672년~1725년)
러시아의 영토를 넓히고, 서유럽의 문물을 도입해 러시아의 개혁을 이끌었지.

상트페테르부르크

유럽에서 독일보다 동쪽에 있는 지역을 동유럽이라고 해. 동유럽은 영국, 프랑스 등 서유럽에 비해 발전이 더딘 편이었지. 동유럽의 대국인 러시아도 서유럽이나 독일 지역보다 **낙후**되어 있었어.

러시아가 낙후되어 있던 이유는 서유럽 지역과 거리가 한참 떨어져 있었기 때문이야. 영국과 프랑스는 가까이 있어서 서로 영향을 주고받으며 성장해 나갔는데, 러시아는 멀리 떨어져 있으니 그런 변화에 함께할 기회가 없었던 거지.

게다가 정교회를 믿었기 때문에 가톨릭 교회가 자리 잡은 서유럽과는 종교적으로도 교류할 기회가 없었어. 서유럽과 독일 지역에서 르네상스, 종교 개혁, 신항로 개척 등의 사건이 일어나고 있을 때도 러시아는 강 건너 불구경이었지.

이런 러시아를 개혁하기 위해 나선 왕이 바로 **표트르**였어. 표트르는 어릴 때 궁궐 밖에서 지낼 일이 있었는데, 이때 서유럽의 상인이나 기술자들을 많이 만났어.

"영국이나 프랑스 같은 나라에 가면 이보다 훨씬 더 큰 배를 만들어요. 그러면 바다 건너 먼 나라까지 갈 수 있답니다."

어린 표트르에게 서유럽은 동경의 대상이 되었지. 그리고 왕이 된다면 러시아를 개혁해 서유럽을 따라잡고야 말겠다고 결심했어.

왕이 된 표트르는 젊은 귀족들을 네덜란드나 영국, 프로이센 같은 나라에 유학을 보냈어. 어떻게든 서유럽을 배워 오라는 것이었지.

"귀족들만 믿고 있어서는 안 되겠어. 내가 직접 배워 와야겠다!"

표트르는 아예 직접 유학길에 나섰어. 몰래 변장을 한 채 다른 나라로 갔지.

"나는 러시아의 포병이오. 대포 쏘는 법을 가르쳐 주시오."

"나는 러시아의 목수요. 배 만드는 법을 배우러 왔소이다."

표트르는 유럽을 보고 배우는 데 누구보다 열심히였어. 그리고 돌아와 러시아를 서유럽처럼 바꿔 나갔지.

그런데 러시아에는 서유럽과 직접 교류할 수 있는 항구가 없었어. 표트르는 항구 도시를 새로 만들어 버리기로 결심했지.

"여기에 새 도시를 세울 것이다!"

표트르가 가리킨 땅은 아무것도 없는 데다 질퍽질퍽한 늪지대였어. 도저히 도시를 만들 만한 곳으로 보이지 않았지.

하지만 표트르는 어떤 희생을 해서라도 도시를 세우고야 말겠다고 다짐했고, 직접 공사에 참여하는 열정도 보였지. 결국 여기에 새 도시가 만들어졌는데, 이 도시가 바로 러시아 제2의 도시 **상트페테르부르크**야. 러시아는 표트르가 다스리는 동안 유럽의 강국이 되었고, 사람들은 존경의 의미로 '표트르 대제'라고 부르고 있어.

 **용선생의 한 줄 정리**
표트르 대제는 서유럽을 모방한 개혁을 통해 러시아를 강국으로 만들었어.

▶ 표트르 1세 동상
(러시아 모스크바)

인간의 이성이 세상을 바꾸다

절대 왕정 시기에는 세상을 보는 사람들의 눈이 크게 바뀌었어. 종교 개혁이나 신항로 개척 등의 사건이 큰 영향을 준 거지.

"지구가 평평하다고 생각했는데, 세계 일주도 했잖아!"

과학자들은 과거에는 당연하다고 믿었던 것들을 하나하나 의심하기 시작했어. 특히 해와 지구의 움직임은 큰 논쟁거리였지. 예전에는 해와 별이 지구를 중심으로 동쪽에서 떠올라서 서쪽으로 움직인다고 생각했어. 그런데 별을 직접 관찰해 보니, 말이 안 되는 부분이 많은 거야.

"아무리 봐도 지구가 태양 주위를 돌고 있다고 볼 수밖에 없다!"

폴란드의 성직자이면서 과학자였던 **코페르니쿠스**는 지구가 움직인다는 **지동설**을 주장했어. 당시에는 큰 주목을 받지 못했지만 뒤를 이어 여러 과학자가 지동설의 증거를 찾아냈지.

특히 이탈리아의 과학자 **갈릴레이**는 자신이 직접 만든 망원경으로 별과 달의 움직임을 관찰했어. 그리고 달의 표면이 매끄럽지 않고 지구처럼 울퉁불퉁하다는 것과 목성에 **위성**이 있다는 것을 알게 되었지.

지금은 상식이지만 당시에는 큰 논란거리가 되었어. 사람들은 신이 있는 하늘은 땅과 달리 완벽할 거라고 생각했거든. 또 신이 지구를 만들었으니 모든 것은 지구를 중심으로 움직인다고 생각했지.

그런데 달의 표면이 지구처럼 울퉁불퉁하고 게다가 지구가 아닌 목성의 주위를 도는 위성이 있다고 하니, 당시 사람들은 큰 충격을 받았던 거지.

갈릴레오 갈릴레이
(1564년~1642년)
이탈리아의 과학자야. 갈릴레이는 망원경으로 직접 우주를 관측해 지구가 태양 주위를 돌고 있다고 주장했지.

곽두기의 용어 사전

위성
행성의 주위를 도는 우주의 천체를 말해.

"지구가 우주의 중심이 아닐 수도 있다는 말이야?"

갈릴레이는 교회의 심판을 받고 자신의 주장이 잘못되었다고 인정했지만, 사람들의 의심은 꼬리에 꼬리를 물고 발전해 나갔어.

1600년대에는 인류 역사상 최고의 과학자로 꼽히는 뉴턴이 등장했어. 뉴턴은 모든 물체가 서로 끌어당기는 힘(만유인력)이 있다는 것을 밝혀냈지. 공처럼 둥근 지구에서 사람이 아래로 떨어지지 않는 이유도 설명할 수 있게 된 거야. 그 외에도 뉴턴은 물리학의 기본 법칙들을 발견했어.

생물학이나 화학의 발전도 놀랄 만한 것들이었어. 현미경을 통해 생물의 몸이 세포라는 단위로 이루어져 있다는 사실이 밝혀졌지. 눈에 보이지 않는 산소나 수소, 이산화탄소 같은 기체를 확인하고 그 성질도 밝혀냈어. 그야말로 새로운 발견과 발명이 끊이지 않는 시대였던 거야. 그래서 사람들은 이 시기 과학의 발전을 과학 혁명이라고도 불러.

과학이 이렇게 눈부시게 발전하다 보니, 사람들은 인간이 '이성'이라는 무기를 가지고 우주의 모든 비밀을 풀어낼 수 있을 거라고 생각하기 시작했어. 지식인들은 새로운 변화에 들떠 있었지.

아이작 뉴턴
(1642년~1727년)
영국의 과학자로, 물리학의 기본 법칙들을 밝혀냈어. 수학과 화학 등 다른 분야에도 많은 업적을 남겼지.

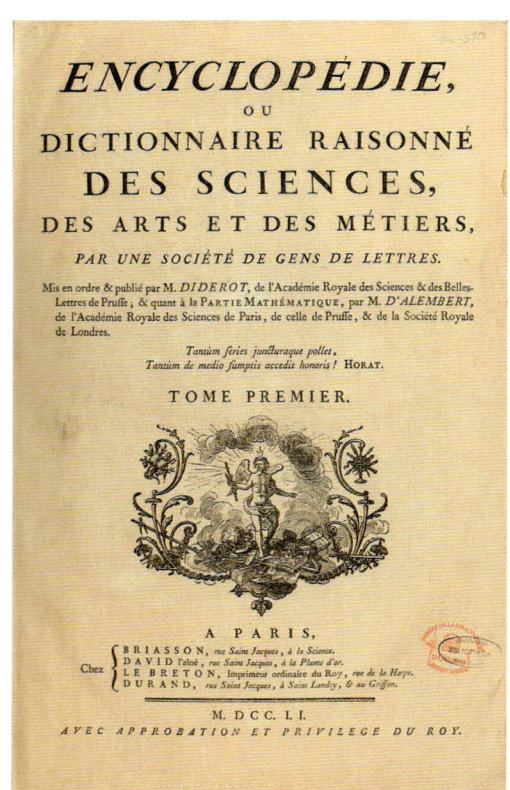

▲ 『백과전서』
계몽사상가들은 지식을 사람들에게 전달하기 위해 백과사전을 만드는 일에 집중했어. 『백과전서』는 140여 명의 저자가 참여해 20년에 걸쳐 만든 백과사전이야.

그런데 주위를 돌아보면 현실은 그렇지 못했어. 여전히 가난한 농민들이 수백 년 동안 살아온 모습대로 살고 있었고, 귀족과 성직자들은 여전히 달콤한 말로 수탈을 일삼았지.

유럽의 지식인 가운데는 유럽 사회를 변화시켜야 한다고 주장하는 사람들이 나왔어. 이런 주장을 **계몽사상**이라고 해.

★ 교과서 핵심어

"국가는 국민의 뜻에 따라 정치가 이루어져야 합니다!"

계몽사상가 가운데는 국왕 마음대로 나라를 다스려서는 안 되며 국민의 뜻에 따라 나랏일을 처리해야 한다고 주장하는 사람들도 있었어. 절대 왕정의 왕들은 이런 주장이 못마땅했겠지?

"내 마음대로 내 나라를 못 다스린다니, 말이 되는 소리냐! 게다가 귀족도 아닌 백성들 말을 들으라고?"

국왕이나 귀족들이 들으면 코웃음을 치거나 몹시 화를 낼 얘기였어. 하지만 차츰 이런 생각이 사람들 사이에 퍼져 나가기 시작했지. 사람들의 새로운 생각은 그 어떤 무기보다도 더 큰 힘으로 세상을 바꾸려 하고 있었어.

> **용선생의 한 줄 정리**
> 절대 왕정 시기에 과학이 발전하고, 계몽사상이 등장했어.

수재의 세계사 노트

절대 왕정	절대 왕정의 배경	① 잦은 전쟁으로 제후의 힘이 약해지고, 왕의 힘이 강해짐 ② 강한 권력을 가진 절대 군주가 다스리는 절대 왕정 등장(16~18세기)
	절대 왕정의 특징	① 국왕이 언제든 동원할 수 있는 상비군을 운영 ② 수입을 억제하고 수출을 장려하는 중상주의 정책을 펼침
유럽의 절대 왕정 (16~18세기)	에스파냐와 영국	① 에스파냐의 펠리페 2세가 아메리카 식민지의 금과 은으로 무적함대를 만듦 ② 영국의 엘리자베스 1세가 에스파냐의 무적함대를 격파(1588년)
	프랑스	① 루이 14세가 베르사유 궁전을 지어 강한 왕권을 휘두름
	프로이센과 러시아	① 프로이센의 프리드리히 2세가 강한 군사력을 바탕으로 성장 ② 러시아의 표트르 대제가 서유럽의 문화와 제도를 적극 수용
학문과 사상의 발전	과학 혁명	① 갈릴레이 등 여러 과학자가 지동설을 주장 ② 물리학, 화학, 생물학이 크게 발전
	계몽사상	① 유럽 사회의 변화를 주장하는 계몽사상 등장

세계사 능력 시험

01 질문에 대한 학생들의 대화로 알맞지 <u>않은</u> 것은 무엇일까? (　　)

유럽의 절대 왕정에 대해 말해 볼까?

① 국왕은 자신의 권한이 신이 내려준 것이라고 주장했어요!

② 또 국왕은 전쟁에 동원할 수 있는 상비군을 가졌어요.

③ 그리고 수출을 장려하는 중상주의 정책도 펼쳤지요.

④ 나라의 왕을 없앤 제도예요.

02 ㉠에 들어갈 인물로 알맞은 것은 무엇일까? (　　)

㉠
• 에스파냐의 왕
• 무적함대를 만듦
• 오스만 제국을 물리침

① 펠리페 2세
② 표트르 대제
③ 엘리자베스 1세
④ 프리드리히 2세

2022 대학수학능력시험 변형

03 (가)에 대한 설명으로 알맞은 것은 무엇일까? (　　)

(가) 는 펠리페 2세와의 대결에서 무적함대를 막아냈어.

또 자신의 권위를 높이기 위해 화려한 화장과 복장을 했대.

① 성상 파괴령을 내렸어요.
② (가)는 엘리자베스 1세예요.
③ 최초로 세계 일주에 성공했어요.
④ 서유럽 대부분의 땅을 차지했어요.

04 밑줄 친 '이 인물'에 대한 설명으로 알맞은 것은 무엇일까? (　　)

<u>이 인물</u>은 "국민을 행복하게 하는 것이 국왕이 할 일이다. 그러니 나는 국민을 위해 프로이센에서 첫째가는 머슴이 되겠다."라고 말했어요.

① 상트페테르부르크를 세웠어요.
② 인도로 가는 항로를 개척했어요.
③ 지구가 태양을 돈다고 주장했어요.
④ 의무 교육을 실시하려고 했지만 실패했어요.

05 빈칸에 들어갈 문화유산으로 알맞은 것은 무엇일까? ( )

[답사 계획서]

1. 답사 목적
'태양왕'이라 불린 절대 군주 루이 14세와 관련된 문화유산을 살펴봐요.

2. 주요 답사지

?

루이 14세의 절대 권력을 보여주는 건축물로, 프랑스 파리 외곽에 있어요. 내부에는 거울의 방, 전쟁의 방 등 화려하게 꾸며진 방을 볼 수 있고, 정원에서는 천 개 이상의 분수를 볼 수 있어요.

① 수도교

② 콜로세움

③ 브란덴부르크 문

④ 베르사유 궁전

06 밑줄 친 '이 인물'에 대한 설명으로 알맞은 것은 무엇일까? ( ) ✓시험에 잘 나와!

상트페테르부르크는 러시아 제2의 도시예요. 이 인물은 이곳에 유럽과 직접 교류할 수 있는 항구 도시를 만들었어요.

① 영국의 왕이에요.
② 이 인물은 프리드리히 2세예요.
③ 서유럽의 문화와 제도를 수용했어요.
④ 아메리카로 가는 항로를 개척했어요.

07 (가)와 (나)에 해당하는 인물을 바르게 짝지은 것은 무엇일까? ( )

(가) 나는 지구가 태양의 주위를 돈다고 주장했어!

(나) 나는 모든 물체가 끌어당기는 힘이 있다는 것을 밝혀냈어.

	(가)	(나)
①	갈릴레이	뉴턴
②	갈릴레이	마젤란
③	콜럼버스	뉴턴
④	콜럼버스	마젤란

절대 왕정과 감자

절대 왕정 시기에 유럽의 인구가 늘어나면서 각국은 식량 생산을 늘리기 위해 노력했어. 아메리카에서 들여온 감자는 영양분이 풍부하고, 척박한 땅에서도 잘 자라는 식물이라 각국 왕들이 보급에 많은 공을 들였지. 프랑스에서는 왕실이 앞장서 새로운 메뉴를 개발했어. 프로이센의 프리드리히는 사람들의 호기심을 자극하는 방법으로 감자를 보급했단다.

2 시민 혁명으로 새로운 나라가 나타나다

영국 정치의 주인공은 의회

영국 국왕은 내심 프랑스 왕이 부러웠어. 영국과 프랑스는 바다를 사이에 두고 마주 보고 있는 가까운 나라였는데도 정치 상황은 많이 달랐거든.

"나도 프랑스 국왕처럼 내 맘대로 나라를 다스리고 싶은데."

영국에도 왕권을 휘두르는 국왕이 있었지만, 그에 못지않게 강력한 권한을 가진 **의회**가 있었어. 의회는 귀족들이 모여 나랏일을 의논하는 곳이었는데, 지금의 국회와 비슷한 곳이었어. 영국에서는 의회의 말이라면 왕도 자기 맘대로 할 수가 없었지.

그러다 영국이 여러 나라와 전쟁을 치르며 돈이 필요해지자 국왕은 의회에 추가로 세금을 거두도록 요청했어.

"전쟁을 위해 돈이 필요하오. 세금을 더 걷게 의회가 나서 주시오!"

"갑자기 전쟁에 필요한 돈이라뇨? 의회에서는 폐하의 뜻에 동의하지 못하겠습니다."

"나라의 왕은 나이거늘, 내 말을 단번에 거역하다니!"

결국 참다못한 국왕은 임시 세금을 거두고 의회를 해산시켜 버렸어. 그러자 의회를 이끌던 귀족들도 들고일어나 왕과 대립했지. 왕과 의회의 대립은 급기야 **내전**으로 이어졌어. 이 전쟁에서 의회파가 승리해 국왕인 찰스 1세를 처형해 버리기까지 했지(청교도 혁명, 1649년).

하지만 이후에도 계속해서 나랏일을 자기 마음대로 하려는 국왕이 등장했어. 의회는 아예 새로운 왕을 세우기로 결정했지.

 곽두기의 용어 사전

내전
외국과의 싸움이 아니라, 한 나라 안에서 일어난 전쟁을 말해.

의회는 메리 공주와 그 남편인 네덜란드 공작 윌리엄에게 편지를 보냈어.

"두 분이 영국의 왕이 되어 주셨으면 합니다."

윌리엄 공작은 영국 왕이 되어 달라는데 마다할 이유가 없었어. 1688년, 윌리엄이 군대를 이끌고 영국으로 들어오자 영국에 있던 왕은 도망쳐 버렸지. 윌리엄과 메리는 큰 충돌 없이 왕위를 차지할 수 있었어. 이 사건을 피 한 방울 흘리지 않은 혁명이라고 해서 **명예혁명**이라고 불러.

명예혁명을 이끈 것은 의회였어. 당연히 의회의 목소리는 더욱 커졌고, 의회는 왕으로부터 의회의 권한을 인정한다는 내용의 **권리 장전**을 받아냈어.

> **국왕이 의회의 동의 없이 법의 집행을 막는 것은 위법이다.**
> **국왕이 의회의 승인 없이 세금을 걷는 것은 위법이다.**

이로써 영국은 왕이 있지만, 법으로 그 권한을 제한하는 정치 제도가 자리 잡게 되었어. 이런 정치 제도를 **입헌 군주제**라고 해. 현재도 영국과 일본을 비롯한 몇몇 나라에서는 입헌 군주제로 나라를 운영하고 있지.

> **용선생의 한 줄 정리**
> 영국에서는 명예혁명 이후 왕의 권한이 법으로 제한되는 입헌 군주제가 자리 잡았어.

아메리카에 민주 공화국이 탄생하다

신항로 개척 이후 영국은 전 세계에 식민지를 만들었어. 그 가운데 북아메리카 지역의 동부 해안가에는 유럽의 이민자들이 터를 잡고 여러 개의 식민 도시를 만들어 생활했어.

"영국에서 온 총독이 세금을 더 걷는대요."

"왜 세금을 자기들 마음대로 걷어? 우리를 노예로 아나!"

영국은 다른 나라와 전쟁을 치르느라 돈이 필요했는데 본국에서는 의회의 반대로 세금을 많이 걷기가 어려웠어. 반면 식민지에서는 각종 명목으로 세금을 거둘 수가 있었지. 식민지 사람들은 세금은 세금대로 내면서 나랏일에는 참여할 수가 없으니 불만이 커져만 갔어.

그러던 어느 날 밤이었어. 불만이 폭발한 식민지 보스턴의 사람들이 영국 배의 홍차를 바다에 던져 버렸어. 세금 징수에 반대한다는 뜻이었지. 그런데 영국은 식민지 사람들에게 본때를 보여 줘야겠다며 식민지 사람들을 강경하게 진압했지. 그러자 보스턴 사람들이 **민병대**를 꾸려 영국군과 충돌이 일어나고 말았어. 이 사건을 **보스턴 차 사건**(1773년)이라고 해.

보스턴 차 사건을 계기로 식민지가 영국 정부에 어떻게 대응할 것인가 하는 문제가 본격적으로 논의되기 시작했어. 식민지 대표들은 한곳에 모여 대응책을 고민했지.

"우리는 아직 영국과 전쟁을 치를 힘이 없습니다. 그러니 영국 왕에게 사절을 보내

 질문 있어요!

홍차를 왜 버려요?

차는 당시 사람들에게 생필품처럼 귀중한 물건이었어. 그런데 영국 정부를 통해서 값싼 차가 들어오자, 밥줄이 끊기게 된 기존의 상인들이 큰 불만을 가지게 되었지. 여기에 세금에 대한 불만까지 더해져 보스턴 차 사건이 일어난 거야.

 곽두기의 용어 사전

민병대
군인이 아닌 일반 사람들, 즉 민간인들로 구성한 부대를 말해.

▼ 보스턴 차 사건

▲ 독립 선언문에 서명하는 식민지 대표들

"평화 협상을 진행합시다."

"그렇게 약한 모습을 보이면 영국이 우리를 더 얕잡아 볼 겁니다. 이번 기회에 영국으로부터 완전히 독립합시다!"

회의가 진행되는 동안 영국군과 민병대의 충돌은 더욱 격렬해졌어. 전쟁은 피할 수 없는 상황이 되었지. 결국 식민지 대표들은 정식으로 군대를 만들기로 하고 전쟁 경험이 많은 **조지 워싱턴**을 총사령관으로 뽑았어.

그리고 전쟁이 진행되던 1776년 7월 4일, 식민지 대표들은 **독립 선언서**를 낭독하고 독립을 선포했어.

> 모든 사람은 평등하게 태어났고, 생명과 자유와 행복을 추구할 권리를 갖는다. 사람들은 언제든지 정부를 개혁하거나 새로운 정부를 만들 권리를 갖는다.

독립을 선언했지만, 전쟁은 여전히 쉽지 않은 상황이었어. 영국군은 전 세계를 누비는 강력한 군대였고, 식민지군은 제대로 훈련도 받지 못한 오합지졸이었지.

하지만 영국군에게도 마냥 쉬운 전쟁이 아니었어. 영국군이 아메리카까지 오려면 머나먼 대서양을 건너야 했지. 그래서 병력을 늘리거나 보급품을 수송하기도 쉽지 않았어. 시간이 지나자 상황은 식민지 사람들에게 점점 유리해졌지.

이 와중에 영국과 사이가 좋지 않던 프랑스가 영국에 타격을 주려고 식민지를 돕기로 했어. 결국 영국은 전쟁에서 패해 식민지의 독립을 인정하게 되었지.

13개의 식민지는 영국의 지배에서 벗어났지만, 따로따로 살아남기에는 너무나도 약했어. 식민지인들은 하나로 뭉치지 않으면 살아남기가 힘들다는 것을 잘 알고 있었지. 그래서 각 식민지가 독립을 유지하면서도 외교나 전쟁과 같은 문제에 대해서는 함께 대처할 수 있도록 연합 국가를 만들기로 결정했어.

나라의 이름은 '아메리카 합중국'으로 하고, 13개의 식민지는 13개의 주가 되었지. 그리고 독립 선언문의 정신을 바탕으로, 투표를 통해 의회를 만들고 대통령을 선출하기로 했어. 투표에는 특권층이 따로 없이 모든 국민이 참여할 수 있었지. 세계 최초로 국민이 주인이 되는 **민주 공화국**이 만들어진 거야!

미국은 헌법에 따라 입법(의회)과 행정(행정부), 사법(법원)으로 권력을 크게 나누어 서로 견제하는 조직을 만들었어. 또 미국의 첫 번째 대통령으로 식민지군의 총사령관이었던 조지 워싱턴을 선출했지. 세계 최강국인 미국의 역사는 이렇게 시작되었어.

> 세계사 더 읽기
>
> **미국의 독립 기념일**
>
> 정부를 꾸린 것은 나중의 일이지만, 건국 정신은 독립 선언에서부터 시작되었다고 미국 사람들은 생각해. 그래서 독립을 선포한 7월 4일을 독립 기념일로 기념하고 있어.

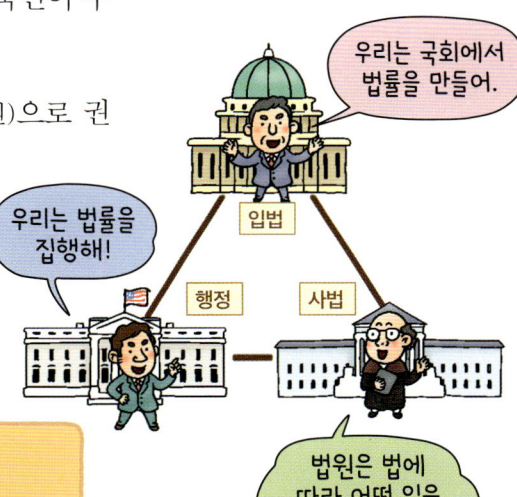

우리는 국회에서 법률을 만들어. — 입법

우리는 법률을 집행해! — 행정

법원은 법에 따라 어떤 일을 판단하는 일을 해. — 사법

용선생의 한 줄 정리
북아메리카의 식민지들이 영국으로부터 독립해 민주 공화국인 미국을 건국했어.

프랑스 혁명이 일어나기까지

"삼부회를 소집하라!"

프랑스 국왕 루이 16세의 명령에 사람들은 어리둥절했어. 100년 넘게 소집되지 않은 **삼부회**를 소집하라니 무슨 일이지 하고 말이야. 프랑스는 유럽 전역에서 전쟁을 치르느라 나라 살림살이가 바닥이 난 상태였어. 돈을 빌리고 심지어는 관직을 팔기까지 하면서 겨우 버텼는데, 루이 16세 때가 되자 이제 그마저 한계에 이른 거지. 그래서 세금을 더 걷기 위해 삼부회를 소집한 거야.

곽두기의 용어 사전

부르주아
상공업자 출신의 자본가들을 말해. 요즘은 흔히 돈 많은 사람을 가리키는 말로도 쓰이지.

삼부회는 프랑스에서 나라의 큰일을 결정할 때 세 신분의 대표들이 모인 회의였어. 세 신분이란 제1 신분인 성직자, 제2 신분인 귀족, 제3 신분인 평민을 말해. 성직자와 귀족은 엄청난 땅을 차지하고 여러 특권을 누리면서도 세금은 한 푼도 내지 않았지. 그에 비해 제3 신분인 평민들은 농민, 상인, 노동자 등 실질적으로 프랑스를 지탱하는 이들이었어.

"이번 삼부회에서 우리의 목소리를 제대로 내야겠어!"

제3 신분은 삼부회의 소집 소식에 기대를 걸었어. 그중에서도 특히 **부르주아**라고 불리던, 평민 신분이지만 재산이 많은 사람들이 자신들의 권리를 인정받고 싶어 했지.

프랑스의 부르주아들은 계몽주의 사상에 많은 영향을 받은 사람들이었어. 그래서 낡은 관습을 던져 버리고 새로운 세상을 만들어야 한다고 생각했지.

그런데 현실은 전혀 달랐어. 삼부회가 시작되자 제3 신분의 대표들은 좌절할 수밖에 없었지. 회의 방식에 문제가 있었거든.

삼부회는 각 신분이 한 표씩 권한을 가졌어. 그러니까 성직자 1표, 귀족 1표, 평민 1표 이런 식으로 말이야. 성직자와 귀족이 힘을 합치면 결국 2 대 1이 되어서 인구의 대부분을 차지하는 평민의 목소리는 전혀 반영이 될 수 없었던 거야.

"우리는 이런 불합리한 제도는 받아들일 수 없소!"

평민 대표들은 회의장을 박차고 나와 버렸어. 그들은 프랑스의 낡은 관습과 제도를 모두 뜯어고쳐야 한다고 생각했어. 뜻을 같이한 사람들이 모여서 선언했어.

"우리도 의회를 만들고 헌법을 제정합시다! 국민이 주인이 되는 나라를 만듭시다!"

프랑스도 영국이나 미국처럼 새로운 나라를 세워야 한다고 생각한 거야. 이들은 스스로 **국민 의회**라는 이름을 붙였지. 하지만 국왕인 루이 16세는 자신의 권력을 놓을 생각이 전혀 없었어. 오히려 루이 16세는 군대를 동원해 이들을 진압하려고 했지. 이 소식을 들은 파리 시민들은 크게 분노했어. 1789년, ★교과서 핵심어 **프랑스 혁명**의 거대한 불길이 일어난 거야!

▲ 삼부회
성직자, 귀족, 평민 세 신분의 대표가 모여 중요한 문제를 논의했어.

루이 16세
(1754년~1793년)
프랑스 혁명 당시 국왕으로, 우유부단한 성격을 가지고 있었다고 해. 혁명의 과정에서 죽으면서 '마지막 루이'라는 별명이 생기기도 했지.

 **용선생의 한 줄 정리**
프랑스에서 삼부회를 계기로 낡은 제도를 뜯어고치자는 주장이 나왔어.

• 시민 혁명으로 새로운 나라가 나타나다

프랑스 혁명이 일어나다!

▲ 바스티유 감옥 습격

분노한 파리 시민들이 무기를 들고 향한 곳은 파리 시내에 있는 바스티유 감옥이었어.

"바스티유를 공격해 우리의 뜻을 알립시다!"

바스티유 감옥은 사회에 비판적인 사람들을 가두던 감옥이었어. 프랑스의 절대 왕정을 상징하는 곳이었던 거야. 바스티유 감옥을 습격한 시민들은 파리 시내를 완전히 엎어 버렸어. 관청을 습격하고 귀족들을 사형시키기도 했지. 새로운 시장을 뽑고 파리를 자기들이 다스려 나가기 시작했어. 루이 16세도 수십만의 파리 시민을 상대로 싸울 수는 없었지.

이후 프랑스 사회를 뜯어고치는 정책들이 발표됐어. 귀족과 성직자들의 특권은 모조리 폐지되었고, 신분제도 완전히 사라졌지. 국민의회는 '**프랑스 인권 선언문**'을 발표했어(1789년).

> 모든 인간은 자유롭고 평등하게 살아갈 권리가 있다.
> 모든 주권은 국민으로부터 나온다.
> 어떤 개인과 단체도 국민에게서 나오지 않은 권력을 행사할 수 없다.

불과 백여 년 전 루이 14세가 절대 왕권을 휘두르던 모습을 생각하면 그야말로 혁명적인 선언이었어. 이 선언은 이후 전 세계 여러 나라에 영향을 미치게 되었지.

국왕인 루이 16세는 혁명이 시작되자 외국으로 도망가려고 했어. 하지만 국경에서 붙잡히고 말았지. 혁명 세력은 루이 16세와 왕비

마리 앙투아네트가 프랑스를 배신했다는 명목으로 이들을 사형시켜 버렸어. 이제 프랑스는 왕이 없는 공화정이 실시되었단다.

혁명 세력은 귀족들의 땅을 빼앗아 농민들에게 나누어 주고, 모든 프랑스 성인 남성에게 투표권을 줬어. 의무 교육을 실시하고 생필품의 가격을 조정하는 등 국민들을 위한 정책을 펼쳤지.

하지만 국민들은 지쳐 갔어. 혁명의 지도자였던 **로베스피에르**는 혁명에 조금이라도 반대하는 기미가 보이는 사람은 바로 처형시키는 공포 정치를 펼쳤거든. 1년 동안 1만 7천 명이나 되는 사람이 사형을 선고 받았다고 해! 그런데 이런 로베스피에르도 결국 반대파에 의해 처형당해 버렸지. 설상가상으로 밖에서는 주변 나라들이 프랑스를 공격했어. 프랑스는 혼란 속으로 빠져들었단다.

로베스피에르
(1758년~1794년)
변호사 출신으로 삼부회를 계기로 혁명의 지도자가 되었어. 스스로는 청렴결백했지만, 다른 사람들에게 매우 엄격하게 법을 적용하다 반대파에 의해 제거되고 말았지.

용선생의 한 줄 정리

프랑스 혁명이 일어나 국왕 루이 16세를 처형하고 공화정이 실시되었어.

나폴레옹이 유럽을 제패하다

프랑스 국민들이 혁명에 지쳐 갈 때쯤 기쁜 소식이 들렸어.

"그 장군이 오스트리아군을 또 물리쳤대!"

사람들은 연전연승하는 장군의 이야기에 흥분했어. 그 장군의 이름은 **나폴레옹**! 나폴레옹은 천재적인 전술로 나가는 전투마다 승전보를 알려 왔어. 사람들은 국내에서 정치 싸움만 하던 혁명 세력보다 외국 군대를 보기 좋게 물리치는 나폴레옹에 열광했지.

나폴레옹은 전쟁만 잘한 게 아니었어. 정치적인 야망도 큰 사람이었지. 그는 **쿠데타**를 일으켜 혁명 세력을 몰아내고 권력을 차지했어(1799년). 물론 나폴레옹을 반대하는 사람들도 있었지만, 나폴레옹이 전쟁에서 승리하고 돌아올 때마다 그 목소리는 점점 작아졌어.

"이번에는 프로이센을 물리쳤대요!"

"오스트리아를 항복시킨 지 얼마 되지도 않았는데 벌써 프로이센까지?"

나폴레옹이 외국과의 전쟁에서 승리하면서 프랑스는 평화를 되찾았어. 나폴레옹은 이제 국내로 눈을 돌려 개혁을 이어 갔지.

나폴레옹은 비록 쿠데타로 권력을 잡기는 했지만, 프랑스를 개혁해야겠다는 생각을 가지고 있었어. 그래서 그동안 실시했던 혁명 정책들을 계속 이어 갔지. 개혁 법률을 하나의 법전으로 통일해 『나폴레옹 법전』을 편찬하고, 국민 모두가 평등하게 교육받는 제도를 만드는 정책을 펼쳐 국민들의 호감을 샀어.

곽두기의 용어 사전

쿠데타
정부를 뒤집는다는 뜻의 프랑스어야. 군대를 동원해 권력을 빼앗는 걸 말해.

▲ 에투알 개선문 (프랑스 파리)
나폴레옹이 오스트리아와의 전쟁에서 승리한 기념으로 세운 건축물이야. 오늘날 프랑스의 수도 파리의 중심이기도 해.

프랑스 국민들 사이에서 나폴레옹의 인기는 갈수록 높아졌지. 그는 마침내 국민 투표를 통해서 프랑스의 황제 자리에 올랐어!

"국민에게 계속 지지를 받으려면 전쟁에서 승리해야만 해!"

나폴레옹은 황제 자리에 오른 뒤에도 쉬지 않고 전쟁을 벌였어. 바다 건너 영국을 제외하고는 전 유럽을 굴복시켰지. 이제 남은 건 바다 건너 영국뿐이었어. 영국은 전 세계에서 가장 강력한 해군이 있었거든. 나폴레옹에게는 영국과 프랑스 사이의 좁은 바다가 멀게만 느껴졌지.

나폴레옹은 영국을 직접 공격하기는 힘들다고 생각해 무역으로 영국을 고립시키기로 마음먹었지. 그는 **대륙 봉쇄령**을 내려 유럽 나라들이 영국과 무역을 하지 못하게 했어.

봉쇄
드나들지 못하게 굳게 막거나 잠그는 걸 말해.

그런데 러시아가 대륙 봉쇄령을 어기고 영국과 무역을 계속한 거야. 나폴레옹은 수십만 명의 병사를 이끌고 러시아로 진군했어. 러시아를 그대로 내버려둔다면 다른 나라들도 나폴레옹의 명령을 따르지 않을 게 뻔했거든.

하지만 러시아군도 만만치 않은 상대였어. 러시아는 지금까지와는 다른 작전을 세웠지.

"프랑스군과 싸우지 마라. 대신 그들이 아무것도 얻지 못하도록 마을을 불태우고 우물을 메워라!"

러시아군은 싸우지 않고 계속 후퇴만 했어. 나폴레옹이 이끄는 프랑스군은 수도인 모스크바까지 점령했지만 먹을 것도 없고, 심지어 병사들이 잘 곳도 없었지. 게다가 러시아에는 프랑스에서 경험하지 못한 혹독한 겨울이 찾아오고 있었어.

결국 나폴레옹은 퇴각 명령을 내릴 수밖에 없었지. 프랑스로 돌아가는 도중 수많은 병사들이 러시아군의 반격과 굶주림, 추위로 목숨을 잃었어.

러시아 원정이 참담한 실패로 끝나자 유럽 나라들은 동맹을 맺고 프랑스군과 전쟁을 벌였어. 힘이 빠진 프랑스군은 결국 패배하고, 나폴레옹은 황제 자리에서 쫓겨났지. 전 유럽을 떨게 만들던 나폴레옹도 이렇게 무너지고 말았어.

 **용선생의 한 줄 정리**
나폴레옹이 권력을 잡고 유럽을 제패했지만, 끝내 몰락하고 말았어.

나폴레옹 이후 빈 체제가 성립하다

"나폴레옹을 몰락시키는 데 우리 러시아가 큰 역할을 했으니 더 넓은 땅을 차지해야 하오!"

"나폴레옹 같은 자가 다시 나타나지 않도록 하는 것도 중요해요."

회의장은 유럽 각국의 대표들로 시끄러웠어. 나폴레옹이 유럽을 휩쓸고 난 뒤 각국의 대표들은 오스트리아의 수도 빈에 모여 대책을 회의했어(1814년). 각국은 자신들에게 유리한 결론을 내기 위해 치열하게 토론했지. 빈 회의 이후 만들어진 유럽의 질서를 **빈 체제**라고 해. 빈 체제의 핵심 내용은 '유럽을 프랑스 혁명 이전으로 되돌린다'였어.

빈 체제에 따라 각국은 국경선을 전쟁 이전으로 되돌리고, 나폴레옹이 멸망시킨 나라는 다시 세워서 옛 왕족이 다스리게 했지. 또 혁명을 피해 도망갔던 귀족들에게 재산을 되찾아주기도 했어. 프랑스에서는 혁명 때 처형당한 루이 16세의 동생 루이 18세가 국왕이 되었지.

뿐만 아니라 빈 회의에서는 앞으로 어떤 나라에 혁명이 일어나거나 나폴레옹 같은 정복자가 나타나면 여러 나라가 힘을 합쳐 이를 막기로 했어.

하지만 유럽을 프랑스 혁명 이전으로 되돌리기는 불가능했어. 이미 유럽 사람들은 '자유'를 경험했거든. 신분제가 아직 남아 있었던 여러 나라의 국민들은 모든 시민이 평등한 대우를 받는 프랑스의 혁명 정신에 환호했어.

빈 체제의 유럽

"지나고 보니 나폴레옹 때가 더 좋았었던 것 같아."

"암, 그때는 우리에게도 자유가 있었지."

특히 돈 많은 부르주아들은 자유를 더 크게 주장했어. 신분의 벽만 없다면 부르주아들은 귀족을 부러워할 이유가 없었거든. 사람들은 자유를 다른 어떤 가치보다 중요하게 여기기 시작했지. 이런 생각을 **자유주의**라고 해. 프랑스 혁명과 나폴레옹의 정복 활동으로 자유주의가 온 유럽에 퍼지게 된 거야. 그 영향으로 1848년에는 유럽 각지에서 자유를 부르짖는 혁명이 일어나기도 했지.

게다가 각국의 왕과 귀족들조차도 빈 체제를 지키는 데 적극적이지 않았어. 얼마 뒤 에스파냐에 혁명이 일어났는데, 빈 회의 내용대로라면 유럽 나라들이 힘을 합쳐 이를 막고 에스파냐의 왕을 도와야 했지.

그런데 러시아는 자기들 영향력을 넓히려고 에스파냐에 군대를 보내자고 했어. 영국은 러시아의 세력이 커질 것을 걱정해서 오히려 반대했지. 그 사이 프랑스는 단독으로 군대를 보내 에스파냐에서 프랑스의 영향력을 넓혔어. 다들 자기 나라에 이익이 되는 방향으로 움직였던 거야.

자유주의와 자기들 나라의 이익을 좇는 정치인들로 인해 빈 체제는 흔들릴 수밖에 없었어. 프랑스 혁명과 나폴레옹 전쟁 이후 유럽은 결코 그 이전으로 돌아갈 수 없게 되었단다.

용선생의 한 줄 정리

프랑스 혁명과 나폴레옹 전쟁 이후 유럽에 자유주의가 퍼졌어.

수재의 세계사 노트

영국의 의회 정치	명예혁명의 과정	① 국왕이 권력을 마음대로 휘두르자, 의회가 왕을 끌어내리고 새 왕을 세움(명예혁명, 1688년) ② 의회의 권한을 인정하는 권리 장전을 받아내 입헌 군주제 토대를 마련함
미국의 독립	미국 독립의 배경	① 영국이 북아메리카 식민지에 특별 세금을 징수 ② 보스턴 차 사건이 일어나자 영국이 강경하게 진압
	미국 독립의 과정	① 식민지 대표들이 조지 워싱턴을 총사령관으로 뽑고, 독립 선언서를 발표(1776년) ② 영국으로부터 독립해 민주 공화국인 아메리카 합중국을 세움
프랑스 혁명	혁명의 과정	① 제3 신분인 평민이 삼부회 표결 방식에 반발해 국민 의회를 결성 ② 시민들이 바스티유 감옥을 습격한 뒤, 국민 의회가 프랑스 인권 선언문을 발표(1789년) ③ 루이 16세를 처형한 뒤 공화정 실시
	나폴레옹의 집권	① 나폴레옹이 황제가 되어 유럽 대부분을 차지 ② 대륙 봉쇄령을 내려 영국을 고립시켰으나, 러시아 원정 실패를 계기로 몰락
	빈 체제의 성립	① 유럽 각국이 영토와 정치 체제를 프랑스 혁명 이전으로 되돌리자는 빈 체제에 합의(1814년) ② 유럽에 자유를 중요한 가치로 두는 자유주의가 퍼짐

세계사 능력 시험

01 다음 자료에 대한 설명으로 알맞은 것은 무엇일까?
( )

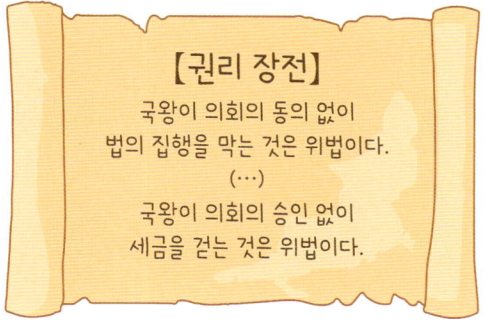

① 아메리카 식민지 대표들이 선언했어요.
② 바스티유 감옥을 습격한 뒤 발표했어요.
③ 국왕이 의회의 권한을 인정한다는 내용이 담겨 있어요.
④ 왕의 권한은 신에게 받은 것이라는 내용이 담겨 있어요.

02 다음 사건 뒤에 일어난 일로 알맞은 것은 무엇일까?
( )

① 르네상스가 시작되었어요.
② 십자군 전쟁이 일어났어요.
③ 아메리카 합중국이 세워졌어요.
④ 영국군이 무적함대를 물리쳤어요.

03 프랑스 혁명 이전의 신분 제도를 나타낸 그림에서 (가) 신분에 대한 설명으로 알맞은 것은 무엇일까?
( )

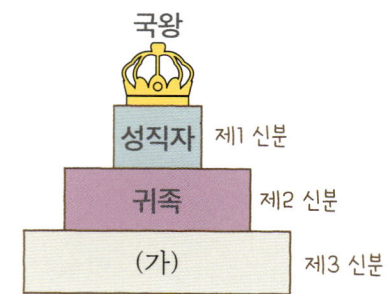

① 국민 의회를 결성했어요.
② 왕에게 땅을 받고 충성을 바쳤어요.
③ 마음대로 장원을 벗어날 수 없었어요.
④ 특권을 누리면서도 세금을 내지 않았어요.

04 ㉠에 해당하는 인물로 알맞은 것은 누구일까?
( )

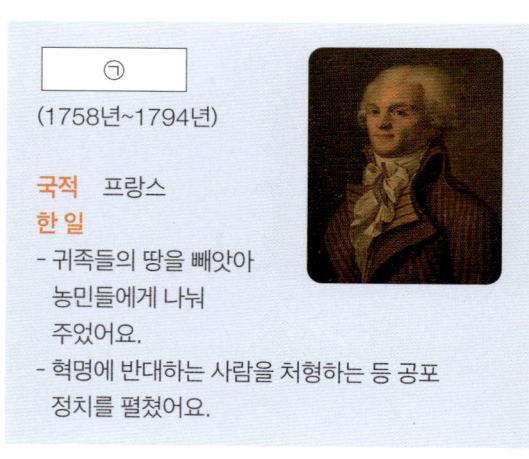

① 마젤란
② 콜럼버스
③ 조지 워싱턴
④ 로베스피에르

05 (가) 인물에 대한 설명으로 알맞지 <u>않은</u> 것은 무엇일까? (　　)

① 대륙 봉쇄령을 내렸어요.
② 러시아 원정에 실패했어요.
③ 베르사유 궁전을 세웠어요.
④ 국민 투표로 프랑스 황제가 되었어요.

06 질문에 대한 답변으로 알맞은 것은 무엇일까? (　　)

① 하나의 나라가 되었어요.
② 교황의 권한이 강화되었어요.
③ 신교가 나타나 가톨릭과 대립했어요.
④ 유럽을 프랑스 혁명 이전 상태로 되돌렸어요.

07 (가)~(다)에 들어갈 사건을 바르게 연결하지 <u>않은</u> 것은 무엇일까? (　　)

① (가) - 국민 의회 결성
② (나) - 나폴레옹의 러시아 원정
③ (나) - 프랑스 인권 선언문 발표
④ (다) - 나폴레옹의 황제 즉위

재기를 꿈꾼 나폴레옹

러시아 원정 실패 이후 나폴레옹은 유럽 연합군에 패해 지중해의 작은 섬 엘바로 유배되었어. 하지만 9개월 뒤 엘바섬을 탈출해 프랑스로 돌아와 다시 권력을 잡았지. 나폴레옹의 인기는 여전했지만, 유럽 연합군에게 최후의 전투인 워털루 전투에서 패했어. 이번에는 탈출이 불가능한, 대서양 한가운데 있는 세인트헬레나섬으로 유배를 떠나 쓸쓸히 최후를 맞았지.

3 유럽과 아메리카에 들어선 민족 국가

1810년	1850년 무렵	1861년	1869년	1871년
볼리바르, 라틴 아메리카 독립운동 시작	미국 서부 골드 러시	이탈리아 왕국 건국	미국 대륙 횡단 철도 개통	독일 제국 선포

민족의 이름으로! 민족주의!

나폴레옹 전쟁은 유럽 각국에 큰 영향을 주었어. 사람들은 한편으로는 프랑스 사람들처럼 자유롭게 살고 싶다고 생각했지. 또 다른 한편으로는 프랑스 같은 강대국에 휘둘리고 싶지 않다는 생각도 했어. 이는 곧 같은 **민족**끼리 힘을 합쳐 강한 나라를 만들자는 **민족주의**가 퍼지는 계기가 되었지.

"같은 민족끼리 똘똘 뭉쳐 어려움을 이겨내야 합니다."

'민족'이라는 말은 우리나라 사람들에게는 비교적 익숙한 말이야. 우리나라는 통일 신라, 늦어도 고려 시대 이후로는 비슷한 영토에, 비슷한 말을 쓰는 사람들이, 비슷한 역사적 경험을 하며 살았거든. 외적이 쳐들어오면 하나로 똘똘 뭉쳐 어려움을 극복해 내기도 했지. 임진왜란 때는 일반 백성들이 의병으로 일어서 큰 역할을 하기도 하고 말이야.

그런데 유럽에서는 '민족'이라는 말이 상당히 낯선 말이었어. 다른 나라 귀족이 와서 왕이 되기도 하고, 서로 다른 나라가 왕실의 결혼을 통해 하나의 나라가 되기도 했으니까 말이야. 그나마 프랑스와 영국이 긴 전쟁을 거치면서 '영국'이나 '프랑스' 같은 민족 개념이 조금씩 생긴 정도였어.

하지만 이마저도 우리나라와 같은 애국심을 찾아보기는 어려웠지. 전쟁에 나가서 싸우는 것도 돈을 받고 싸우는 용병들이었어. 일반 국민들이 나라를

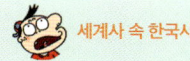

우리나라의 민족

우리나라도 삼국 시대 초기까지 하나의 민족이라는 생각이 별로 없었어. 말도 서로 꽤 달랐을 거라고 해. 그러다 삼국의 접촉이 많아지고, 7세기에 하나로 통일되면서 같은 민족이라는 생각이 조금씩 생겼어. 이후에는 오랜 시간 동안 하나의 나라로 지내면서 하나의 민족이라는 생각이 강해졌지.

구하기 위해 무기를 들고 일어난다는 건 프랑스 혁명 이전에는 생각하기 어려운 일이었던 거야.

그런데 프랑스 혁명과 나폴레옹 전쟁 때 전투에 나선 프랑스군은 프랑스 국민으로 이루어진 군대였어.

"우린 용병이 아니야! 위대한 조국 프랑스를 구하기 위해 우리 스스로 전쟁에 뛰어든 프랑스 국민이라고!"

프랑스 사람들은 나라를 지킨다는 사명감에 불타올랐어. 이런 사명감에 불타오르는 군인들은 다른 나라의 군인들보다 훨씬 용감했지. 그리고 유럽 사람들은 애국심을 가진 국민이 얼마나 강한지 나폴레옹 전쟁에서 실감하게 된 거야.

민족주의의 영향을 강하게 받은 지역은 이탈리아와 독일이었어. 이탈리아와 독일의 제후국 가운데는 상공업이 발달하고 강한 군사력을 가진 나라도 있었지. 하지만 문제는 수십 개의 나라로 쪼개져 있어서 큰 힘을 발휘하지 못한다는 것이었어. 나폴레옹 전쟁은 바로 이 사실을 깨닫게 해준 거야.

19세기 중반에는 이들 나라에서 본격적으로 통일에 대한 논의가 시작되었어. 하지만 수백 년간 쪼개져 있던 나라를 하나로 만든다는 것은 정말 힘든 일이었단다.

> **용선생의 한 줄 정리**
> 나폴레옹 전쟁 이후 민족주의가 유럽에 퍼졌어.

이탈리아가 통일되다

19세기 중반 이탈리아는 여러 개의 지역으로 나뉘어 있었어. 가장 큰 세력은 북쪽에 위치한 사르데냐 왕국이었지. 그 아래쪽으로는 여러 개의 도시 국가들이 있었어. 그리고 이탈리아반도 남쪽에는 양 시칠리아 왕국이 있었지. 그 외에도 주변의 강국인 프랑스와 오스트리아의 간섭까지 있어서 통일을 더욱 어렵게 했어.

이탈리아 통일에는 사르데냐 왕국의 **수상 카보우르**와 군인 **가리발디**가 활약했지. 카보우르는 통일을 위해 외교적인 노력을 기울였어. 프랑스에게 영토를 떼어 주며 이탈리아 일에서 손을 떼게 했지. 그리고 힘을 키워 나가며 주변의 작은 나라들을 흡수해 나갔어.

하지만 남부 이탈리아에 있는 양 시칠리아 왕국은 계속 골칫거리였지. 이때 가리발디가 나선 거야.

"이 한목숨을 바쳐서라도 이탈리아의 통일을 이루겠소!"

가리발디는 군대를 이끌고 남부 이탈리아로 떠났어. 그런데 가리발디가 양 시칠리아 왕국에 이르자 생각지 못한 일이 일어났지. 이탈리아 남부의 사람들이 싸우지도 않고 문을 열어 가리발디를 환영한 거야!

"가리발디 장군을 환영합니다! 이탈리아 만세!"

양 시칠리아 왕국은 외국 왕실의 지배를 받고 있었어. 민족주의자들은 외국 왕실을 몰아내야 한다고 생각했지. 이때 마침 가리발디가 도착한 거야.

 곽두기의 용어 사전

수상
정부를 이끄는 우두머리를 말해. 왕이 있어도 실제 정치는 수상이 담당하는 경우가 많지.

카밀로 카보우르
(1810년~1861년)
사르데냐 왕국의 수상이야. 탁월한 외교력으로 이탈리아를 통일하는 데 큰 역할을 했지.

주세페 가리발디
(1807년~1882년)
사르데냐 왕국의 해군이야. 이탈리아 남부를 통째로 점령해 사르데냐 왕국에 바쳤지.

약 1천 명이던 가리발디의 부대는 순식간에 수만 명으로 늘어났어. 그리고 넉 달 만에 큰 희생 없이 남부 이탈리아의 수도인 나폴리에 들어갈 수 있었지. 이제 남부 이탈리아 지역을 가리발디가 다스리게 된 거야.

그런데 가리발디가 놀라운 결정을 내렸어.

"아무 조건 없이 남부 이탈리아를 사르데냐 국왕께 바칩니다."

깜짝 놀랄 수밖에 없는 일이었지. 가리발디의 인기가 치솟아서 사람들은 가리발디가 나폴리의 새로운 왕이 될 줄 알았거든. 그런데 아무런 조건 없이 사르데냐 왕국에 이 땅을 바친 거야. 남부 이탈리아의 국민들도 이 결정에 크게 반대하지 않았어. 그만큼 많은 사람이 이탈리아의 통일을 간절히 바랐던 거지.

이제 사르데냐 왕국은 북부 일부만을 남겨 놓고 이탈리아반도 전역을 차지했어. 1861년에는 나라 이름도 '**이탈리아 왕국**'으로 바꿨지. 그리고 오스트리아와 전쟁을 치러 오스트리아가 차지하고 있던 지역까지 완전히 차지했어. 마침내 이탈리아의 통일을 이룬 거야!

▲ **가리발디와 붉은 셔츠단**
가리발디의 군대 붉은 셔츠단은 정식 군대가 아니라 민간인들이 자발적으로 참여한 의용군이었어.

용선생의 한 줄 정리
사르데냐 왕국 중심으로 이탈리아가 통일을 이루었어.

큰 독일이냐 작은 독일이냐

민족끼리 뭉쳐서 하나의 나라를 만들려면 그 민족의 범위가 어디까지인가가 항상 문제였어. 예를 들어 우리나라의 경우 한반도와 그 주변에 살면서 한국말을 쓰는 사람들을 한민족이라고 할 수 있을 거야. 이탈리아도 이탈리아반도에서 이탈리아 말을 쓰는 사람들을 민족의 범위로 생각했지. 그런데 **독일**은 이 문제가 아주 복잡했어.

"독일 민족이 힘을 모아 나라를 세웁시다!"

"그러면 오스트리아는 어떻게 하죠?"

오스트리아는 19세기 중부 유럽에서 가장 큰 나라였어. 오스트리아 왕실도 독일어를 쓰는 사람들이라 독일이 통일을 한다면 그 중심이 될 수 있는 나라였지.

그런데 오스트리아를 들여다보면 민족 구성이 매우 복잡했어. 독일어를 쓰는 사람 외에 헝가리, 크로아티아, 세르비아, 폴란드 사람까지 다양한 민족의 사람들이 살았지. 이 사람들을 모두 합치면 인구의 80%나 되어서 독일어를 쓰는 사람보다 훨씬 많았던 거야.

"독일 통일은 가장 큰 나라인 오스트리아를 중심으로 해야 하오!"

"오스트리아에는 다른 민족이 너무 많이 살고 있소. 오스트리아를 빼고 나머지 나라들끼리 통일을 논의합시다!"

오스트리아의 민족 문제가 복잡하다 보니 오스트리아를 빼고 독일을 통일하자는 주장도 나왔어.

오스트리아를 제외하면 독일 지역에서 가장 강력한 나라는 **프로이센**이었어. 프로이센은 프리드리히 이후로 강력한 군사력을 자랑하는 나라였지.

결국 독일 통일은 오스트리아를 포함해서 큰 독일을 만들 것이냐, 오스트리아를 제외하고 프로이센을 중심으로 작은 독일을 만들 것이냐 하는 문제로 좁혀졌어. 논의는 계속되었지만, 독일을 통일해야 한다는 생각은 점점 확실해졌지.

그런데 정작 통일의 주역이 되어야 할 오스트리아나 프로이센의 국왕들이 통일에 적극적이지가 않았어.

"나는 오스트리아의 왕이다. 국민이 뭐라고 통일을 하니 마니 하냔 말이다!"

"왕을 정하는 것은 신께서 하실 일! 우리가 나설 일이 아니다."

국왕들의 생각이 이러니 통일이 쉽게 이뤄지지는 않았어. 결론은 나지 않고 말싸움만 계속되는 상황이었지. 하지만 독일 통일은 꼭 이뤄야 할 문제로 떠올랐고, 이 문제는 프로이센에서 유능한 수상이 등장하면서 결론을 맺게 돼.

용선생의 한 줄 정리
독일 통일 문제는 오스트리아를 포함한 것인가 말 것인가로 복잡하게 진행되었어.

철과 피의 정책으로 독일이 통일되다

"이 시대의 중요한 문제들은 더 이상 언론이나 다수결에 의해 좌우되는 것이 아닙니다. 우리 앞의 문제들은 오직 '철과 피'에 의해서만 해결될 수 있습니다!"

연설을 하는 사람은 프로이센의 수상 **비스마르크**였어. 비스마르크는 군인 출신이었는데, 자유주의자나 민족주의자는 아니었지. 다만 그는 프로이센을 영국이나 프랑스 같은 강대국의 위치로 올려놓겠다는 야심을 가진 사람이었어.

비스마르크가 연설에서 말한 '철과 피'란 무엇일까? 철은 무기를 말하고 피는 군인들의 피를 말해. 그러니까 철과 피는 강한 군사력을 말하는 거지. 비스마르크는 정치적으로 중요한 문제들이 언론이나 민주주의적인 노력으로는 한계가 있고, 강한 힘을 가지고 추진해야 해결할 수 있다고 생각했어. 이런 비스마르크의 정책을 **철혈 정책**이라고 해.

오토 폰 비스마르크
(1815년~1898년)
프로이센의 수상이야. 뛰어난 정치력과 외교력으로 독일 제국을 세우는 데 큰 역할을 했지.

비스마르크가 생각하기에 가장 중요한 문제는 바로 독일의 통일이었지. 독일이 통일된다면 영토도 넓고 인구도 많아서, 누구도 얕잡아 보지 못할 강대국이 될 것이었거든.

비스마르크는 군사력을 키우기 위해 산업 발전에도 힘을 쏟았어. 돈이 있어야 병사들도 먹이고, 신식 무기도 갖출 수 있을 테니까 말이야.

비스마르크는 군사력을 강조했지만, 사실 외교의 달인이기도 했어.

"독일의 통일을 위해 오스트리아를 고립시켜야 한다."

오스트리아를 포함할 것인가 말 것인가를 두고 한참 논의를 했었잖아. 비스마르크는 프로이센을 강국으로 만드는 것이 목표였어. 그러니 당연히 프로이센보다 더 큰 나라인 오스트리아를 독일 통일 문제에서 제외시켜야 했지.

비스마르크는 오스트리아를 제외한 나머지 주변국들과 친하게 지내면서 오스트리아를 고립시켜 나갔어. 러시아와 손을 잡고, 이탈리아와 동맹을 맺기도 했지. 그러자 오스트리아도 자존심이 상해 그냥 넘어갈 수가 없었어.

"조그만 프로이센이 겁도 없이 우리를 따돌려?"

오스트리아는 프로이센에게 선전 포고를 하고 전쟁을 시작했어. 하지만 그동안 철혈 정책으로 군사력을 키워 온 프로이센에게 상대가 되지 않았지. 전쟁은 단 7주 만에 프로이센의 완벽한 승리로 끝났어. 이제 독일 통일 과정에서 오스트리아는 완전히 빠지게 되었지.

"아직 하나의 적이 남았다."

비스마르크는 프랑스를 최후의 적으로 생각했어. 프랑스는 유럽의

최강국 자리를 계속 지키고 있었지. 게다가 불과 수십 년 전에 나폴레옹의 군대가 프로이센을 짓밟고 치욕을 주기도 했거든.

비스마르크는 전쟁을 독일 통일에 이용하려고 했어. 프랑스와 전쟁을 하면 독일 사람들의 애국심을 자극할 것이라고 생각했지. 그러면 통일에 소극적이었던 나라들도 모두 통일에 참여할 것이라 기대한 거야.

▲ 빌헬름 1세의 즉위식

비스마르크의 예상은 정확히 들어맞았어. 프랑스와 전쟁이 시작되자 독일 지역의 여러 나라들이 프로이센을 도와 전쟁에 뛰어들었지. 게다가 프로이센은 그동안 군사력을 키우며 만반의 준비를 하고 있던 상황이었어. 결과는 프로이센의 대승이었지!

1871년 프로이센의 국왕 빌헬름 1세를 비롯해 독일 지역의 제후국들이 프랑스의 베르사유 궁전에 모였어.

"독일 제국이 성립되었음을 선포합니다!"

이제 황제가 된 빌헬름 1세가 베르사유 궁전에서 **독일 제국**을 선포했어. 프랑스의 강력함을 상징하던 장소에서 독일의 통일을 선언한 거야! 프랑스 사람들은 자존심의 상처를, 독일 사람들은 무한한 자부심을 느끼는 순간이었지.

19세기 후반에 들어 유럽에 독일과 이탈리아라는 두 개의 강대국이 생겼어. 이런 변화들은 민족주의가 사람들 사이에 널리 퍼졌기 때문에 가능한 일이었단다.

용선생의 한 줄 정리
프로이센의 비스마르크가 독일 통일을 이루었어.

남아메리카의 새로운 나라들

멕시코는 왜 라틴 아메리카에 속해요?

멕시코는 지리적으로 북아메리카로 분류해. 하지만 남아메리카 국가들과 마찬가지로 에스파냐어를 사용하고 위치도 가까워서, 멕시코와 남아메리카를 묶어 라틴아메리카라고 해.

19세기에는 신대륙인 아메리카에서도 큰 변화가 일어났어. 콜럼버스가 신항로를 발견한 이래로 멕시코와 남아메리카 지역은 에스파냐와 포르투갈의 지배를 받았지. 이 지역을 **라틴 아메리카**라고 불러. 유럽인들은 라틴 아메리카에 대농장을 짓거나 광산을 개발하며 큰돈을 벌었어.

"유럽으로 돌아가는 대신 이곳에서 떵떵거리며 사는 것도 나쁘지 않겠는걸?"

많은 유럽인이 라틴 아메리카에 정착했지. 그들이 아이를 낳고 그 아이들이 다시 아이를 낳고, 이렇게 몇 세대가 지난 거야. 이렇게 라틴 아메리카에서 태어난 유럽 사람들의 후손을 **크리오요**라고 불러.

크리오요는 겉모습은 유럽 사람과 비슷하지만, 유럽 본토에서 파견된 총독이나 관리들의 지배를 받는 입장이었어. 그래서 불만이 쌓여 갔지.

시몬 볼리바르
(1783년~1830년)
라틴 아메리카의 독립을 이끌었어. 볼리바르의 이름을 딴 '볼리비아'라는 나라가 있을 정도로 영웅으로 인정받고 있지.

"우리가 왜 유럽인의 지배를 받아야 하지? 라틴 아메리카도 미국처럼 유럽의 손아귀에서 벗어날 때가 됐어!"

마침 유럽은 나폴레옹 전쟁으로 혼란스러운 상황이었어. 크리오요들은 이 틈을 타 독립 운동을 펼쳤지. 물론 에스파냐가 가만 있지 않았어. 에스파냐는 군대를 보내 독립 운동을 진압하려고 했지. 이때 에스파냐군에 맞서 싸운 두 사람이 **볼리바르**와 **산 마르틴**이야.

볼리바르는 부유한 크리오요 출신이었어. 그는 유럽과 미국을 여행하며 자유와 독립에 대한 꿈을 키워 나갔지.

"세상은 바뀌고 있어. 라틴 아메리카도 이제 자유를 누려야 해!"

1810년 볼리바르는 자신의 전 재산을 털어 독립 운동에 앞장섰어. 하지만 에스파냐와의 전투는 결코 순탄치 않았지. 볼리바르는 전투에서 패배해 도망 다니기도 했어. 남아메리카의 안데스 산맥을 넘으며 지독한 추위도 견뎌야 했지. 하지만 볼리바르는 포기하지 않고 계속 나아갔어.

"내 목숨을 라틴 아메리카의 독립에 바치겠어!"

십 년이 넘는 기나긴 싸움 끝에 볼리바르는 베네수엘라, 볼리비아 등 라틴 아메리카 북쪽 지역을 해방시킬 수 있었어.

볼리바르가 라틴 아메리카 북쪽에 독립의 깃발을 꽂는 동안 남쪽에서는 산 마르틴이 독립운동을 이끌었어. 산 마르틴은 군인 출신으로, 능숙하게 전투를 준비했어.

산 마르틴은 라틴 아메리카의 험난한 지형을 이용하고, 거짓 소문을 퍼뜨려 에스파냐 군대를 함정에 빠뜨리기도 했지. 마침내 산 마르틴은 아르헨티나와 칠레, 페루를 해방시켰어.

이제 라틴 아메리카도 수백 년에 걸친 식민지 생활을 끝내고 자신들의 역사를 써 나갈 수 있게 되었지.

호세 데 산 마르틴
(1778년~1850년)
아르헨티나의 크리오요 출신 장군이야. 남부 라틴 아메리카의 독립을 이끌었지.

라틴 아메리카의 독립

용선생의 한 줄 정리
볼리바르와 산 마르틴의 활약으로 라틴 아메리카의 많은 나라가 독립을 이루었어.

유럽과 아메리카에 들어선 민족 국가 **065**

서부를 개척하며 미국이 성장하다

라틴 아메리카의 북쪽에서는 미국이 독립 이후 계속 성장해 나가고 있었어. 독립 전쟁 당시에 미국 지역의 식민지는 대서양에 접한 동부 해안가에 모여 있었지. 유럽 이민자들이 대부분이다 보니 유럽과 오가기 편한 곳에 자리를 잡았던 거야.

하지만 이후 인구가 늘면서 더 넓은 땅을 찾아 서쪽으로 계속해서 영토를 넓혀 나갔어. 다른 나라에 돈을 주고 땅을 사기도 했고, 원주민에게 강제로 빼앗기도 했지. 전쟁을 통해서 차지하기도 했어. 덕분에 19세기에 접어들 때 미국은 대서양에서 태평양에 이르는 거대한 영토를 가진 나라가 되었지.

그런데 이 광활한 영토를 잇는 마땅한 교통수단이 없었어. 미국 동부에서 서부까지 여행하는 것은 목숨을 걸어야 할 정도로 위험한 일이었지.

"우리도 유럽처럼 철도를 만듭시다!"

영국을 시작으로 유럽에서는 이미 철도가 건설되고 있던 시기였어. 미국도 나라의 각 지역을 잇기에는 철도만 한 게 없다고 결론을 내렸지.

19세기 중반부터 미국에도 철도 건설이 시작되었어. 시작은 유럽보다 수십 년이나 늦었지만, 훨씬 더 빠른 속도로 철도를 건설해 나갔지.

미국의 서부가 개발되는 데는 골드러시도 큰 역할을 했어.

"캘리포니아에서 금광이 발견됐대!"

"또? 나도 서부로 가서 한탕 노려봐야겠어!"

질문 있어요!

유럽보다 철도를 빨리 건설할 수 있던 이유는 뭔가요?

철도를 건설하려면 철도가 지나가는 땅을 사들이고, 건물이 있으면 철거하는 등 과정이 복잡해. 그런데 당시 미국은 사람이 살지 않는 지역이 많았어. 그래서 훨씬 빠른 속도로 철도를 건설해 나갈 수 있었던 거야.

▲ 강가에서 금을 채취하는 사람

금광이 발견됐다는 소문이 퍼지면 사람들이 몰려들었어. 이런 현상을 골드러시라고 해. 미국에서는 19세기 중반에 서부의 캘리포니아를 중심으로 골드러시가 일어났지.

실제로 금을 찾은 사람은 극소수였어. 하지만 그 과정에서 사람들이 몰려들어 마을이 생기고, 마을이 점점 커져 도시가 되었지. 수십만 명이 몰리면서 사람과 물자를 실어 나르는 운송업도 발달했어. 여기에 동부 끝에서 서부 끝까지 이르는 **대륙 횡단 철도**까지 놓이면서 서부도 급격하게 발전했지.

그런데 서부가 한창 개발되려 하고 있을 때, 미국의 발전을 가로막는 사건이 터졌어.

당시 미국의 경제는 동부의 공업 지대와 남부의 대농장 지대를 중심으로 돌아가고 있었어. 그런데 남부의 대농장에서는 아직 흑인 노예들을 이용해 농장 운영을 하고 있었지. 유럽에서는 노예 제도가 없어지고, 미국 독립 선언서에도 인간

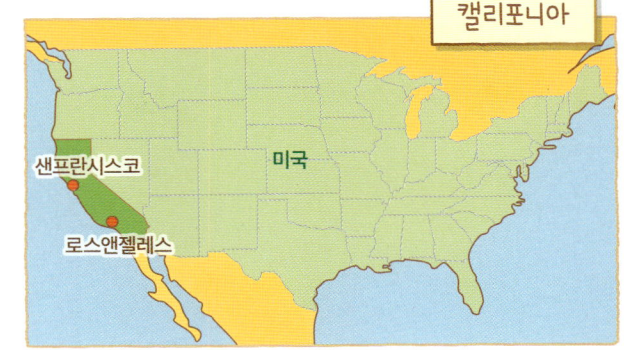

미국에서 가장 인구가 많고, 면적은 한반도의 2배나 되는 큰 주야. 로스앤젤레스, 샌프란시스코 등의 도시가 캘리포니아에 있지.

링컨
(1809년~1865년)
미국에서 가장 존경받는 대통령이야. 노예 제도를 폐지하고, 남북 전쟁에서 북부군을 승리로 이끌었지.

의 기본권을 명시했지만, 유독 흑인 노예에게는 그런 기본권이 인정되지 않았던 거야.

동부의 도시 지역 사람들은 유럽과 같이 노예 제도를 폐지하자는 주장을 했지. 반면 남부의 농장 지대 백인들은 노예 제도를 없애면 농장을 운영할 수 없다고 반박했어.

"노예제 폐지를 계속 주장한다면 우리는 연방에서 빠지겠소!"

"뭐? 그건 미국에 대한 반역이야!"

1860년에 노예 제도를 반대하던 **링컨**이 대통령이 되자, 남부는 아예 미국에서 독립하겠다고 했어. 링컨과 연방 정부 입장에서는 반란이나 마찬가지였던 셈이야. 결국에는 남부와 북부로 나뉘어 내전까지 치르게 되었지. 이 전쟁이 바로 **남북 전쟁**이야. 치열했던 전쟁은 인구가 많고 산업이 발달한 북부의 승리로 막을 내렸어(1865년).

이후 미국은 평화를 유지하면서 각종 산업을 발전시켜 나갔어. 드넓은 평야에서 농업과 축산업을 발전시켜 세계 최대 농축산물 수출국이 되었지. 또 공업에서도 에디슨 같은 발명가나 카네기 같은 기업가들이 나오면서 세계적인 기업들도 세워졌어. 여기에 민주적인 제도까지 더해서 당시 사람들에게 미국은 희망의 땅으로 여겨졌지.

남북으로 나뉜 미국

용선생의 한 줄 정리
미국은 남북 전쟁을 겪기도 했지만, 서부를 개척하며 강대국으로 성장했어.

수재의 세계사 노트

교과서에 나오는 중요한 내용을 정리했어!

유럽의 민족주의	민족주의의 등장	① 나폴레옹 전쟁 이후 유럽에 민족이 힘을 합쳐 나라를 세우자는 **민족주의**가 퍼짐
	이탈리아의 통일	① **가리발디**가 남부 이탈리아를 사르데냐 왕국에 바침 ② 사르데냐 왕국은 **이탈리아 왕국**(1861년)으로 이름을 바꾼 뒤, 이탈리아를 통일
	독일의 통일	① 프로이센의 비스마르크가 **철혈 정책**을 추진해 군사력을 키움 ② 오스트리아와 프랑스를 물리치고 **독일 제국**을 통일 (1871년)

라틴 아메리카	라틴 아메리카의 독립	① **크리오요**들이 유럽의 혼란을 틈타 독립운동을 펼침 ② **볼리바르**는 베네수엘라, 볼리비아의 독립에, **산 마르틴**은 아르헨티나와 칠레, 페루의 독립에 기여

미국의 성장	서부 개척	① **골드러시**로 서부에 많은 사람들이 몰리면서 도시 형성 ② 동부와 서부를 잇는 **대륙 횡단 철도**의 건설로 크게 발전 (1869년)
	남북 전쟁	① **노예 제도**를 두고 미국의 남부와 북부가 전쟁(1860년) ② **남북 전쟁**에서 북부가 승리하며 노예 제도 폐지

세계사 능력 시험

01 다음 주제에 대한 학생들의 발표 내용으로 알맞은 것은 무엇일까? (   )

주제: 나폴레옹 전쟁이 유럽에 미친 영향

① 장원이 해체되었어요.
② 교황의 권위가 떨어졌어요.
③ 유럽에 민족주의가 퍼졌어요.
④ 신항로 개척이 활발해졌어요.

02 (가)에 들어갈 인물로 알맞은 것은 무엇일까? (   )

자기소개서

이름	(가)
국적	이탈리아
출생 연도	1807년

주요 업적
- 붉은 셔츠단을 조직했어요.
- 남부 이탈리아를 사르데냐 왕국에 바쳤어요.

① 가리발디　② 볼리바르
③ 카보우르　④ 비스마르크

03 ㉠에 들어갈 내용으로 알맞은 것은 무엇일까? (   )

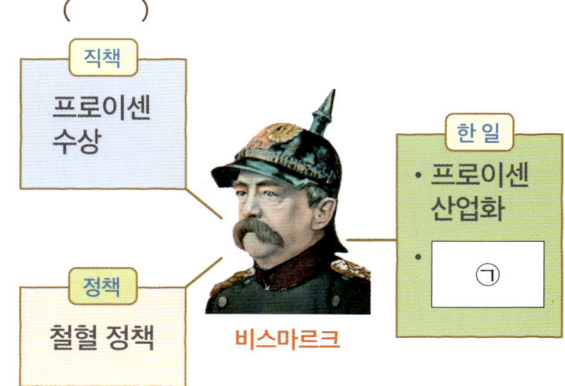

직책: 프로이센 수상
정책: 철혈 정책
비스마르크
한 일: • 프로이센 산업화 • ㉠

① 빈 체제 수립
② 무적함대 창설
③ 독일 제국 통일
④ 상트페테르부르크 건설

04 (가)에 들어갈 내용으로 알맞은 것은 무엇일까? (   )

독일이 통일 방안을 두고 논의했어요.
⇩
(가)
⇩
독일 제국이 성립되었어요.

① 베르사유 궁전을 세웠어요.
② 나폴레옹이 독일을 정복했어요.
③ 프리드리히 2세가 상비군을 키웠어요.
④ 프로이센이 오스트리아와의 전쟁에서 승리했어요.

2017 대학수학능력시험 변형

05 다음 대화의 주제로 알맞은 것은 무엇일까?
( )

① 미국의 독립 운동
② 이탈리아의 르네상스
③ 포르투갈의 신항로 개척
④ 라틴 아메리카의 독립 운동

06 (가)와 (나) 지역에 대한 설명으로 알맞은 것은 무엇일까? ( )

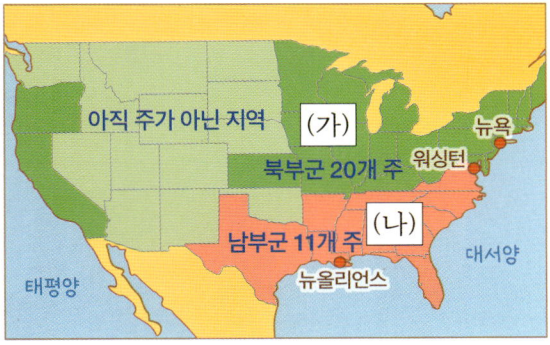

① (가)는 노예 제도를 반대했어요.
② (가)는 대농장 경영이 발달했어요.
③ (나)는 상공업이 주로 발달했어요.
④ (나)는 남북 전쟁에서 승리했어요.

07 19세기 미국에서 볼 수 있는 모습을 바르게 짝지은 것은 무엇일까? ( )

ㄱ. 세금을 걷어 가는 영국 총독
ㄴ. 황금을 찾으러 서부로 온 사람들
ㄷ. 동부와 서부를 잇는 대륙 횡단 철도
ㄹ. 영국을 식민지로 만든 식민지 대표들

① ㄱ, ㄴ
② ㄱ, ㄷ
③ ㄴ, ㄷ
④ ㄴ, ㄹ

08 밑줄 친 '이 인물'이 한 일로 알맞은 것은 무엇일까?
( )

러시모어산에는 4명의 위대한 미국 대통령의 얼굴이 새겨진 조각이 있어요. 왼쪽부터 미국의 초대 대통령인 조지 워싱턴, 국토를 크게 넓힌 토머스 제퍼슨, 남북 전쟁에서 북부군을 승리로 이끈 이 인물 그리고 파나마 운하를 만든 시어도어 루스벨트예요.

① 무적함대를 격파했어요.
② 이탈리아를 통일했어요.
③ 노예 제도를 반대했어요.
④ 보스턴 차 사건을 일으켰어요.

미국의 가장 위대한 연설

미국의 남북 전쟁은 기관총 같은 새로운 무기가 사용되면서 60만 명이 넘는 사람이 희생되었어. 그 가운데 게티즈버그 전투는 가장 큰 인명 피해가 일어난 전투였지. 링컨의 연설은 3분 정도로 매우 짧은 연설이었지만, 미국 역사상 가장 위대한 연설로 손꼽히고 있어. 인간의 평등과 자유에 대한 신념이 고스란히 녹아 있기 때문이야.

4 산업 혁명으로 사회가 변화하다

- 1769년 제임스 와트, 증기기관 개량
- 1825년 최초의 철도 건설
- 1838년 차티스트 운동 시작
- 1848년 마르크스, 『공산당 선언』 출판
- 1851년 제1회 만국 박람회 개최

면 옷이 세상을 바꾸다

18세기 영국의 수도 런던은 물건을 싣고 오가는 배들로 붐볐어. 인도에서 목화솜을 수입해 오고, 영국의 면직물을 유럽으로 수출하는 배들이었지. 도시에는 곳곳에 공장이 들어서서 사람들이 옷감을 짜고 있었어. 도시는 평화로우면서도 활기가 넘쳤지.

"우리 영국이 유럽에서 가장 살기 좋은 나라인 것 같아."

영국이 이렇게 발전할 수 있었던 데는 여러 이유가 있었어. 우선 영국은 섬나라라 대륙에서 벌어지는 전쟁에 한발 물러서 있었거든. 영국도 여러 전쟁에 참여하기는 했지만, 외국 군대가 영국 본토에 들어온 일은 거의 없었어.

대신 영국은 해군을 키워 전 세계의 바다로 진출해 식민지를 늘려 나갔지. 인도의 목화솜을 싸게 들여올 수 있었던 것도 인도가 영국의 식민지이기 때문이었어.

당시 영국에서 가장 발달한 산업은 **면직물 산업**이었지. 면직물은 목화솜에서 실을 뽑아서 만든 옷감을 말해. 지금도 속옷 등에 많이 쓰는 '면'이 바로 면직물이야. 이전에는 양털에서 실을 뽑은 모직물을 많이 썼는데, 인도에서 목화솜이 수입되면서 면직물이 크게 인기를 누렸지. 면직물은 값도 싸고, 따뜻하고, 부드럽기까지 했거든.

영국의 면직물은 국내는 물론 유럽 여러 나라를 비롯해 전 세계적으로 인기를 끌었어. 물건을 만

▼ 18세기 영국의 모습

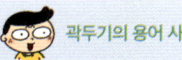

곽두기의 용어 사전

자본가
많은 돈을 가지고 노동자를 고용해서 기업을 경영하는 사람을 말해.

드는 족족 팔리니, 공장을 가진 **자본가**들이 많은 돈을 벌었지. 그런데 이렇게 장사가 잘되니 자본가들은 더 욕심이 생겼어.

"사람은 아무리 열심히 일해도 밥도 먹어야 하고, 잠도 자야 한단 말이야. 밥도 안 먹고 잠도 안 자는 그런 일꾼은 없을까?"

자본가들은 기계에 눈을 돌리게 됐지. 그 이전에도 간단한 기계들이 있었지만 널리 활용되지는 못했어. 하지만 이제 적당한 기계가 있으면 떼돈을 벌 수 있게 됐으니 돈 좀 있는 사람이라면 너도나도 기계 발명에 관심을 갖게 된 거야.

면직물을 만드는 데는 목화솜에서 실을 뽑아내는 **방적기**와 실로 옷감을 짜는 **방직기**가 필요했어. 자본가들의 적극적인 투자로 18세기에는 방적기와 방직기가 계속해서 발명되었지.

빠른 속도의 방적기가 나오면 그만큼 실이 많아졌으니 옷감을 짜는 방직기도 더욱 빨라져야 했어. 방직기가 빨라지면 다시 실이 많이 필요하니까 새로운 방적기가 나오고 하는 식으로 계속해서 새로운 기계가 나왔어. 기계의 발명 덕분에 18세기 말에는 예전에 200~300명이 해야 할 일을 혼자서 할 수 있을 정도가 되었지!

사람들은 여기에 그치지 않았어. 끊임없이 물건을 만들어 낼 수 있는 방법을 고민했고, 이런 필요는 새로운 발명을 낳았지.

"증기 기관을 기계에 쓸 수 있으면 밤새도록 물건을 만들 수 있을 텐데."

증기 기관은 물이 끓을 때 나오는 수증기의 힘으로 기계를 돌리는 기계 장치야. 이전부터 사람들은 증기의 힘을 알고 있었어. 하지만 그 힘을 쓸 만한 기계가 없었던 거지. 그런데 이제 새로운 방적기와 방직기가 만

한 번에 실을 여덟 가닥이나 뽑을 수 있다니!

들어지면서 증기 기관을 기계에 본격적으로 사용하게 되었어.

새로운 기계들이 만들어지면서 철강과 석탄 산업도 같이 발달했지. 기계들은 대부분 철로 만들어졌기 때문에, 많은 철을 생산해야 했거든. 그리고 철을 생산할 때는 석탄도 꼭 필요해서 석탄 산업도 같이 발달한 거야. 그런데 영국에는 철광석과 석탄이 풍부해. 그야말로 영국은 산업 발전에 필요한 조건들을 두루 갖추고 있었던 셈이지.

▲ 제임스 와트(1736년~1819년)가 개발한 증기 기관
제임스 와트는 증기 기관을 개량해 여러 용도로 사용할 수 있게 했어.

18세기부터 19세기에 걸쳐 면직물 산업이나 철강, 석탄 산업 등 여러 산업 분야가 서로 영향을 주고받으며 산업이 크게 발달한 현상을 ★교과서 핵심어 **산업 혁명**이라고 불러. '혁명'은 보통 정치에서 많이 쓰는 말인데, 산업에서도 그렇게 급격한 변화가 나타났다는 뜻이지.

용선생의 한 줄 정리
18세기 말 영국에서 면직물 산업을 시작으로 산업 혁명이 일어났어.

질문 있어요!

요즘 '4차 산업 혁명'이란 말을 많이 하던데요?

산업의 큰 변화를 시기별로 나눠 부르는 거야. 18세기 말 영국에서 일어난 산업 혁명을 1차, 19세기 말에 시작된 대량 생산 방식을 2차, 컴퓨터와 인터넷으로 인한 변화를 3차 산업 혁명으로 불러. 4차 산업 혁명은 인공 지능과 빅데이터 등을 이용한 변화를 말하지.

· 산업 혁명으로 사회가 변화하다

꼬리에 꼬리를 물고 여러 산업이 발전하다

영국의 산업 혁명에 불을 붙인 건 **철도**였어. 초기의 철도는 철도를 깔고, 말이 끄는 마차가 그 철도 위를 달리는 모습이었어. 철도 위를 기차가 아니라 마차가 달렸던 거지.

그러다 증기 기관을 이용한 기차가 만들어지기 시작했어. 최초의 증기 기관차는 자전거와 비슷할 정도로 느렸지만, 그래도 많은 짐을 싣고 먼 거리를 갈 수 있었대.

"맨체스터 공장에서 만든 물건을 리버풀로 날라 전 세계로 수출할 수 있겠군."

개량된 방적기와 방직기로 많은 실을 뽑아 옷을 많이 만들었어. 그리고 그것들을 철도를 통해 항구로 대량 운반도 가능하게 되었지. 항구에서는 배로 전 세계에 물건을 수출했어.

물건을 싣는 배도 예전의 배로는 한계가 있었어. 신항로를 개척하던 배는 모두 바람을 이용한 범선이었거든. 범선은 바람에 따라 영향을 많이 받아서 위험 부담이 컸어. 이제 영국의 배들은 증기 기관을 이용한 **증기선**으로 바뀌었어. 증기선은 바람 걱정 없이 빠른 속도로 많은 물건을 싣고 전 세계를 누볐지.

"수출할 곳에 미리 연락해야 하는데, 좋은 방법이 없을까?"

사람과 물건이 많이 오가면서 통신도 덩달아 발달하게 되었어. 산업 혁명 시기에는 전기 신호를 이용한 **전신**, 그리고 19세기 후반에는 사람의 목소리를 직접 전달할 수 있는 **전화**까지 발명되었지. 물건을 만들고, 나르고, 통신하는 모든 과정에서 **혁신**이 일어났던 거야.

세계사 더 읽기

맨체스터와 리버풀

영국의 맨체스터와 리버풀은 산업 혁명 때 크게 발전한 도시야. 맨체스터는 광산이 가까이 있어 공업이 발전했고, 리버풀은 항구 도시로 성장했지.

곽두기의 용어 사전

혁신
오래된 습관이나 조직, 방법 등을 완전히 바꿔서 새롭게 한다는 뜻이야.

이처럼 산업 혁명은 어느 한 발명품, 한 산업의 발전으로 이뤄진 게 아니야. 여러 산업 분야가 꼬리에 꼬리를 물고 하나가 발전하면 그와 관련된 다른 분야가 발전하는 식으로 변화가 일어난 거지.

산업 혁명으로 19세기 영국은 세계 최강국의 자리에 서게 되었어. 유럽의 여러 나라들은 기를 쓰고 영국을 따라잡으려고 했지. 결국 영국의 산업 혁명은 유럽, 더 나아가 전 세계 사람들에게 큰 영향을 주었단다.

용선생의 한 줄 정리
교통과 통신의 발달로 더 빠른 속도로 산업이 발전하게 되었어.

▲ 알렉산더 그레이엄 벨(1847년~1922년)
전화를 발명한 벨이 1892년 뉴욕과 시카고 간 장거리 전화를 시험하는 모습이야.

▲ 조지 스티븐슨(1781년~1848년)이 발명한 증기 기관차
1825년에 조지 스티븐슨이 발명해 최초로 운행에 성공한 증기 기관차야.

영국 따라잡기에 나선 유럽의 여러 나라

산업 혁명으로 영국이 빠르게 성장해 나가자 다른 나라들도 영국을 따라잡기 위해 노력했어. 이러한 변화는 영국과 가까운 위치에 있는 나라들에서부터 시작했지.

프랑스는 유럽의 강국이었지만, 혁명과 전쟁이 반복되면서 정치적으로 불안정한 상황이었어. 그래서 산업화에는 뒤처질 수밖에 없었지. 이미 뒤처진 상황에서 프랑스의 자본가들이 선택한 방법은 영국이 잘 만들지 않는 물건들을 만드는 것이었어.

"영국이 싼 면직물을 많이 만드니 우리 프랑스는 고급 면직물을 만들어야겠어."

프랑스는 면직물을 고급화해서 영국이 차지하지 않은 다른 시장을 개척하려고 한 거야.

프랑스 명품이 이때부터 만들어졌구나!

프랑스 북쪽에 있는 벨기에도 산업화에 속도를 낸 나라야. 벨기에는 산업화 이전부터 영국 못지않게 면직물 수공업이 발달한 나라였어. 그래서 빠르게 산업화를 진행할 수 있었지. 게다가 석탄과 철광석도 풍부했거든. 벨기에는 작은 나라였지만 산업화의 속도에서는 앞서가는 나라가 될 수 있었지.

유럽 여러 나라 가운데 산업화에서 가장 돋보이는 나라는 독일이었어. 독일은 자본가가 아닌 국가가 직접 나서서 계획을 세워 **산업화**를 진행했거든. 독일의 산업화에는 수상인 비스마르크의 역할도 컸지.

"우선은 영국산 물건들의 수입을 좀 막아야겠소. 그리고 철강과 석탄 산업을 크게 키웁시다!"

곽두기의 용어 사전

산업화
공장에 기계가 많아지고 인구가 도시로 몰리는 등 산업과 기술이 발달한 사회가 되는 걸 말해.

독일은 자기 나라의 산업을 보호하기 위해서 영국 물건들을 수입할 때 세금을 높게 매겼어.

그리고 독일 정부가 직접 **철강**과 **석탄 산업**에 큰돈을 투자했어. 그 결과는 놀라웠지. 19세기 후반에 전국에 수천 킬로미터의 철도가 깔리고 영국을 앞지르는 세계 최고의 철강 생산국이 되었거든!

"영국이 손대지 않은 새로운 산업을 발전시키시오!"

독일은 영국을 따라잡기 위해 인재를 키워 **화학 공업**을 크게 일으켰어. 인공 염료를 비롯해 수많은 화학 약품이 나오고, 의학의 발전과 함께 제약 회사들도 크게 성장했지.

이런 발전에 힘입어 독일은 영국과 어깨를 나란히 할 수 있는 공업 국가가 되었어. 독일의 사례는 이후 뒤늦게 산업화에 뛰어든 여러 나라의 본보기가 되기도 했단다.

▼ **바이엘의 인공 염료**
세계적인 화학 기업 바이엘은 1863년 독일의 작은 염료 회사로 시작한 기업이야. 아스피린 등을 개발하며 세계적인 제약 회사가 되었지.

 **용선생의 한 줄 정리**
유럽의 여러 나라가 산업을 발전시켰으며, 특히 독일은 국가가 주도적으로 산업화를 진행했어.

산업 혁명으로 생활 모습이 바뀌다

산업 혁명은 사람들의 생활 모습을 크게 바꿔 놓았어. 사람들의 의식주를 비롯해서 많은 것이 바뀌었지.

공장에서 기계로 만든 옷을 입고, 기차를 타고 먼 곳으로 여행하고, 고층 빌딩에 올라가 도시를 내려보게 됐어. 전화로 먼 곳의 사람에게 소식을 전할 수도 있게 되었지. 이런 모습들이 모두 산업 혁명 이후의 모습들이야.

산업 혁명이 진행되는 19세기에는 인구도 크게 늘었어. 약 100년 동안 유럽의 인구는 2억 명에서 4억 명 정도로, 두 배 정도가 늘었지. 이전까지만 해도 상상할 수 없는 일이었어. 수백 년간 인구가 천천히 늘다가 전염병이나 전쟁으로 다시 줄어들고, 다시 천천히 늘어나는 일이 반복됐거든. 그런데 산업 혁명이 진행되면서는 간혹 전염병이나 전쟁이 있어도 **인구 증가**가 그 속도를 크게 앞질렀던 거야.

인구가 이렇게 늘어난 건 우선 사람들이 예전보다 잘 먹고살았기 때문이지. 농업 기술이 발전하면서 생산량이 늘었어. 그리고 어떤 지역에 식량이 부족하다고 하면 기차로 빠르게 곡식을 실어 날라 굶어 죽는 사람이 크게 줄었지. 영양 상태가 좋아지니 질병에 대한 면역력도 강해지고, 자연히 전염병이 줄면서 사망률도 낮아진 거야.

인구가 늘자 노동력을 싼값에 이용할 수 있게 되었어. 공장을 가진 자본가들은 떼돈을 벌었겠지? 자

▲ 산업 혁명 이후 영국의 인구 증가

본가들은 귀족은 아니지만, 돈으로 귀족들이 즐기는 문화도 즐길 수 있게 되었어. 백화점에서 쇼핑을 하고, 저녁에는 파티를 즐기는 생활을 했지. 이렇게 성장한 자본가들을 부르주아라고 해. 부르주아들은 정치적인 문제에 대해서도 자신들의 목소리를 키워 갔지.

산업 혁명의 성과가 가장 극적으로 드러난 곳은 만국 박람회장이었어. 만국 박람회는 세계 각국의 신기한 발명품과 상품을 모아 전시하는 자리였지. 1851년 영국에서 세계 최초로 만국 박람회가 열려 증기 기관차를 비롯해 영국에서 새로 발명한 갖가지 신기한 물건들을 전시했어. 그러자 4년 뒤에는 프랑스도 박람회를 열었지. 이렇게 강대국들이 경쟁적으로 박람회를 열며 산업 혁명의 성과를 과시했단다.

> **용선생의 한 줄 정리**
> 산업 혁명으로 인구가 증가하고 사람들의 생활 모습이 크게 바뀌었어.

▶ 1889년 파리 만국 박람회를 기념해 세워진 파리 에펠탑

노동자들의 목소리를 내자!

▲ 산업 혁명 시기 아동 노동

"또 졸고 있어! 제대로 일하지 않으면 오늘 돈은 없을 줄 알아!"

꾸벅꾸벅 졸던 **노동자**는 작업반장의 호통에 깜짝 놀라 눈을 떴어. 돈을 안 준다는 소리에 몇 번이나 용서해 달라고 빌고서는 기계 앞에 다시 섰지. 19세기 영국 공장의 모습이야. 당시 노동자들은 잠자는 시간, 밥 먹는 시간만 빼고는 거의 하루종일 기계 앞에 서 있어야 했어. 아직 초등학교를 다닐 나이의 아이들도 공장에서 일을 하는 상황이었지.

노동자들은 이렇게 당하고만 살 수는 없다고 생각했어.

"우리 노동자들도 제 목소리를 내야 한다고!"

며칠 후 누군가가 공장 기계들을 부순 사건이 일어났지. 공장 주인에게 불만을 품은 노동자들이 일을 벌인 거야. 19세기 초, 노동자들은 기계 때문에 노동자가 더욱 힘들어졌다고 생각해서 기계들을 파괴하는 일을 벌이곤 했지(러다이트 운동, 1811년).

하지만 기계를 파괴하는 게 답이 아니란 건 얼마 지나지 않아 깨닫게 되었어. 기계는 얼마든지 새로 만들어 낼 수 있고, 오히려 이 과정에서 노동자들을 탄압하는 핑곗거리만 만들어 주는 셈이 되기도 했거든.

노동자들은 폭력적인 방법으로 목소리를 내는 것이 아니라, 당당하게 의회에서 노동자들의 목소리를 내야 한다고 생각했어.

그런데 문제가 있었어. 당시 영국은 돈 많은 사람들만 투표에 참여할 수 있었지. 그러니 가난한 노동자들이 의회에 진출할 방법이 없었던 거야.

"노동자들이 목소리를 내기 위해서는 우선 우리가 투표권부터 가져야 합니다. 돈이 있건 없건 모든 사람들이 선거에 참여할 수 있도록 해야 합니다."

1819년 영국 맨체스터에서 7만 명이 넘는 사람들이 모여 **선거법 개정**을 주장하는 시위를 벌였어. 그런데 경찰들이 시위대를 진압하면서 수십 명이 죽고 다치는 일이 발생했지. 이 사건 이후에 노동자들의 목소리는 더욱 커져 갔어. 1830년대부터는 노동자의 정치 참여를 주장하는 **차티스트 운동**이 벌어졌어.

영국 정부도 노동자들의 노동 환경을 무시할 수만은 없었지. 그래서 조금씩 노동 환경을 바꿔 나갔어. **노동조합**도 설립할 수 있게 되었고, 파업을 금지하는 법도 없어졌지. 또 아동의 노동 시간을 제한하는 법도 만들어졌단다.

하지만 노동자들이 주장한, 모든 성인에게 투표권을 부여하자는 주장은 여전히 받아들여지지 않았어. 19세기 전반에 영국에서 투표권을 가진 사람은 전체 인구의 5%도 되지 않았대. 19세기 후반에 겨우 남성 노동자들이 투표권을 가질 수 있었고, 여성들까지 모든 성인이 투표권을 갖는 것은 1928년에나 가서야 이뤄졌단다.

 세계사 더 읽기

차티스트 운동

영어로 차트는 '조항'을 의미하는데, 차티스트 운동을 하던 사람들이 여섯 조항을 주장해서 이런 이름이 붙었어. 그 내용은 보통 선거, 비밀 투표, 재산에 따른 의원 자격 제한 철폐 등이었지.

 곽두기의 용어 사전

노동조합

노동자들이 작업 환경이나 사회적·경제적 지위 향상을 목적으로 활동하는 단체를 말해. 줄여서 '노조'라고도 하지.

 **용선생의 한 줄 정리**

19세기 노동자들은 선거법 개정을 요구하는 등 자신들의 열악한 환경을 개선하고자 노력했어.

사회주의의 등장

노동자들은 자신의 권리를 정당하게 보장 받고자 노력했지만, 지위가 높은 사람, 돈 많은 사람들은 그런 목소리를 받아들이려고 하지 않았어. 그러자 노동자들의 삶을 바꾸기 위해서는 아예 다른 사회를 만들어야 한다고 주장하는 사람들이 나타났지. 그들은 노동자들이 선거권을 가진다고 해도 그것만으로는 세상이 바뀌지 않을 것이라고 생각한 거야.

산업 혁명 이후 각국은 **자본주의** 체제 아래 각종 정책이 만들어졌어. 자본주의란 개인의 재산을 인정하고, 이익을 얻기 위해 상품을 생산하고 소비하는 경제를 말해. 현재 우리나라도 자본주의 체제를 바탕으로 하고 있지. 그런데 이러한 자본주의 자체가 잘못됐다는 생각을 한 사람들이 나타난 거야.

"자본주의 사회는 결국 망하게 되어 있습니다. 언젠가는 사회주의가 세상을 이끌어 갈 것입니다!"

자본가나 지주들은 일을 하지 않고도 돈을 많이 버는데, 그 이유는 공장이나 토지 같은 생산에 중요한 수단을 가지고 있기 때문이었지. 그러니 그런 공장이나 토지를 사회가 공동으로 소유하자는 주장이 ★교과서 핵심어 **사회주의**야.

사회주의는 여러 사람들이 주장했는데, 사회주의를 실현하는 방법도 다 제각각이었어. 그 가운데 **카를 마르크스**가 가장 대표적인 사상가였지.

마르크스의 사회주의 이론을 '공산주의'라고 부르기도 해. 그는 인류 역사 전체를 분석하고, 언젠가는 사회주의가 자본주의를 대신해 세상을 이끄는 생각이 될 것이라는 결론을 내렸지.

카를 마르크스
(1818년~1883년)
사회주의를 주장한 독일 출신의 학자야. 20세기에 마르크스의 사상을 따르는 나라들이 생겨나 세계사에 큰 영향을 미쳤지.

"세상에는 땅을 가진 지주가 있고, 그렇지 못한 농민이 있습니다. 공장을 가진 자본가가 있고, 그렇지 못한 노동자가 있습니다."

마르크스는 사회를 크게 두 계급으로 나누고, 땅이나 공장 기계처럼 생산 수단을 가진 사람들은 일하지 않고 이득을 가지고 간다고 봤어. 그에 비해 생산 수단을 가지지 못한 사람들은 일을 열심히 해도 제대로 보상을 받지 못하고 말이야.

그래서 마르크스는 직접 일하는 사람들이 생산 수단을 가져야 한다고 주장했어. 농민들이 땅을 갖고 공장 노동자들이 공장을 갖는 것이었지.

그런데 지주나 자본가가 순순히 땅과 공장을 내놓을 리는 없겠지? 그래서 농민이나 노동자들이 무력으로 싸워서 생산 수단을 강

마르크스 외에 다른 사회주의 사상가들도 있었나요?

여러 사람이 사회주의를 주장했어. 영국의 '로버트 오언'이라는 사람은 자신의 공장에서 나오는 수익을 노동자와 평등하게 나누려고 했어. 또 마을을 만들어 사회주의 공동체를 만들 생각도 했단다.

제로 빼앗을 것이라는 주장을 했단다. 농민과 노동자들의 혁명이 일어나서 결국 사회주의 사회가 온다는 것이었지.

　마르크스의 주장은 영향력이 아주 컸어. 마르크스가 살았던 19세기에 이미 유럽과 미국에 경제적인 위기들이 닥쳤거든. 기업들이 생산한 물건을 제대로 팔지 못하고 망하게 되자 기업에 돈을 빌려준 은행들도 망하고, 그러자 은행에 돈을 맡긴 사람들까지 빈털터리 신세가 되는 일이 생겼던 거야.

　노동자들이 단결해서 자신들의 목소리를 키워 가는 것도 영향을 미쳤어. 노동자들이 언젠가 혁명을 일으켜 세상을 바꿀 것이라고 생각하는 사람들도 많아졌지.

　마르크스의 주장으로 노동자들의 정치적인 활동은 더욱 활발해졌어. 특히 노동조합 결성이 활발해져서 1864년에는 유럽과 미국의 노동조합이 한데 모인 국제 협회를 만들 정도였지. 20세기가 시작될 무렵에는 유럽 전역에 사회주의가 퍼져서 많은 지식인과 노동자들의 지지를 받았어. 이런 상황은 이후 세계 역사에 큰 영향을 주게 되었단다.

용선생의 한 줄 정리

19세기에는 마르크스를 비롯한 사상가들이 자본주의를 비판하며 사회주의를 주장했어.

조금씩 사회를 바꿔 나가려는 사회 민주주의

유럽 각국에서는 사회주의 이론을 받아들인 사람이 많아졌어. 그런데 이들 가운데는 혁명이 아니라 현실 정치에 참여해 조금씩 사회를 바꿔 나가려는 사람들도 있었어.
이들을 사회 민주주의자라고 해. 독일의 사회 민주당이 대표적인 조직이지. 사회 민주당은 독일에서 가장 역사가 오래된 정당으로, 지금도 독일 정치를 이끄는 큰 정당 가운데 하나야.

▲ 2017년 독일 의회 총선거 당시 모습

수재의 세계사 노트

산업 혁명의 발발	산업 혁명의 배경	① 영국에서 면직물 산업 발달 과정에서 방직기, 방적기 같은 기계 발명(18세기 말) ② 증기 기관 사용으로 철강과 석탄 산업이 크게 발달 ③ 증기 기관차, 증기선 등 교통의 발달과 전신, 전화 등 통신의 발달로 산업 발전이 가속화
	산업 혁명의 확산	① 프랑스는 면직물을 고급화해 산업화 추진 ② 독일은 국가 주도로 산업화를 추진해 철강, 석탄 산업과 화학 공업을 크게 발전시킴
산업 혁명의 결과	사회 변화	① 산업 혁명으로 자본가인 부르주아와 노동자 계급이 등장 ② 강대국들이 만국 박람회에서 산업 혁명의 성과 과시
	노동 문제	① 노동자들이 열악한 환경에서 근무 ② 노동자들이 선거법 개정 시위를 벌이고, 노동조합을 설립하는 등 환경 개선에 앞장섬
사회주의의 등장	사회주의의 등장	① 자본주의 체제를 비판하는 사회주의 등장(19세기) ② 마르크스가 노동자들이 혁명을 일으켜 사회주의 사회를 건설하자고 주장

세계사 능력 시험

01 다음 빈칸에 들어갈 내용으로 알맞은 것은 무엇일까?
( )

[심층 취재]
영국에서 산업 혁명이 가장 먼저 일어난 이유가 무엇인가요?
산업 혁명은 18세기 영국에서 가장 먼저 일어났어요. 그 이유는 _____.

① 국내 정치가 불안정했기 때문이에요.
② 철광석과 석탄이 풍부했기 때문이에요.
③ 십자군 전쟁에서 승리했기 때문이에요.
④ 영국의 목화솜이 인도로 수출되었기 때문이에요.

02 (가)에 들어갈 내용으로 알맞은 것은 무엇일까?
( )

제임스 와트는 증기 기관을 개량해 세상에 내놓았어요. 그 결과, 낮은 비용으로 더 강한 힘을 기계에 전달할 수 있게 되어 (가)

① 면직물 산업이 쇠퇴했어요.
② 대량으로 물건을 만들어냈어요.
③ 방적기와 방직기가 사라졌어요.
④ 물건을 만드는 속도가 느려졌어요.

✓ 2018 대학수학능력시험 변형

03 (가)에 들어갈 내용으로 알맞은 것은 무엇일까?
( )

[탐구 활동 계획서]
· 탐구 주제: 영국 산업 혁명의 전개
· 탐구 활동
 - 1모둠: 영국의 석탄과 철 생산지 분포 상황 탐구
 - 2모둠: _____ (가) _____

① 종교 개혁의 영향
② 신항로 개척의 영향
③ 영국의 명예혁명의 원인
④ 방적기의 발명이 전 세계에 미친 영향

04 다음 영화에서 볼 수 있는 장면으로 알맞지 <u>않은</u> 것은 무엇일까? ( )

변화의 물결

· **의도**: 19세기, 새로운 미래를 꿈꿨던 영국인들의 삶의 모습을 주인공을 통해 보여준다.
· **촬영 주의사항**: 산업 혁명 시기의 다양한 발명품과 생활 모습이 영화에 자연스럽게 노출되게 한다.

① 콜럼버스와 함께 항해하는 주인공
② 급하게 전신으로 소식을 전하는 주인공
③ 증기 기차에 몸을 싣고 런던으로 떠나는 주인공
④ 항구를 떠나는 증기선을 향해 손을 흔드는 주인공

05 ㉠과 ㉡에 들어갈 나라를 바르게 짝지은 것은 무엇일까? ( )

> 유럽의 여러 국가들도 영국을 따라잡기 위해 적극적으로 산업을 발전시켰어요.
> 그중 ㉠ 는 면직물을 고급화하는 방향으로 산업을 발전시켰어요. 한편 ㉡ 은 정부가 직접 산업을 발전시키는 데 앞장섰어요. 철강과 석탄 산업에 큰 투자를 했고 화학 공업에도 적극적으로 나섰지요.

	㉠	㉡
①	독일	프랑스
②	독일	벨기에
③	프랑스	독일
④	프랑스	벨기에

06 다음 일기가 쓰였던 시대에 대한 설명으로 알맞은 것은 무엇일까? ( )

> 18○○년 ○○월 ○○일
>
> 오늘 영국에서 열린 세계 최초의 박람회에 다녀왔다. 만국 박람회는 수정궁에서 열렸는데, 이전에 볼 수 없었던 철과 유리로만 만든 건물이라 감탄을 자아냈다. 이 건물이 영국의 위대함을 보여준 것 같다!

① 봉건제가 성립되었어요.
② 자본가 부르주아가 등장했어요.
③ 교황의 권위가 크게 성장했어요.
④ 그리스·로마 문화를 부활시키려고 했어요.

07 다음과 같던 시기에 볼 수 있는 사회 모습으로 알맞은 것은 무엇일까? ( )

> 질문: 몇 살 때 공장 일을 시작했나요?
> 대답: 6살입니다.
> 질문: 일하는 시간은 어떻게 됩니까?
> 대답: 일이 밀릴 땐 5시부터 21시까지 일했습니다.
> 질문: 일을 못하거나 작업이 늦어질 때 어떤 일을 당했습니까?
> 대답: 공장주의 허리띠로 맞았습니다.
>
> - 웨슬리 캠프, 「1831~1832년 의회 보고서」

① 국민 모두가 투표권을 가졌어요.
② 왕들이 절대적인 권력을 휘둘렀어요.
③ 농노들이 영주의 땅에서 일해야 했어요.
④ 가난한 노동자들이 비참한 생활을 했어요.

✔ 시험에 잘 나와!
08 (가)에 들어갈 인물로 알맞은 것은 무엇일까? ( )

> 생산 수단을 가진 자본가들은 일하지 않고 이득을 얻습니다. 그에 비해 노동자 계급은 제대로 보상 받지 못하지요. 따라서 노동자 계급은 투쟁을 통해 사회주의 사회를 건설해야 합니다!

(가)

① 뉴턴
② 갈릴레이
③ 마르크스
④ 로베스피에르

산업 혁명과 아동 노동

산업 혁명 시기에 노동자들의 삶은 매우 고달팠어. 하루 15시간 이상 일하는 것은 기본이었고, 다쳐도 치료비도 받지 못하고 해고 당하는 게 보통이었지. 아이들도 예외는 아니라서 아주 어릴 때부터 힘들고 위험한 일을 해야 했단다. 이후 아동을 보호해야 한다는 주장이 나오면서 1833년에는 18세 이하 12시간 노동, 1847년에는 10시간 이하 노동 규정이 생겼지.

02
전 세계가 전쟁의 소용돌이에 휩싸이다

교과 연계

초등학교 사회 6-2 1. 세계 여러 나라의 자연과 문화
중학교 역사 ① Ⅳ. 제국주의 침략과 국민 국가 건설 운동
             Ⅴ. 세계 대전과 사회 변동

1 제국주의 국가들이 세계를 나눠 갖다
2 중화민국이 탄생하다
3 일본이 아시아 최강국이 되다
4 제1차 세계 대전의 소용돌이 속에서

1 제국주의 국가들이 세계를 나눠 갖다

- 1839년 오스만 제국, 탄지마트 시행
- 1857년 세포이의 항쟁
- 1869년 수에즈 운하 개통
- 1884년 베를린 회의
- 1898년 미국, 필리핀 식민 통치

식민지를 확보하라! 제국주의의 등장

산업 혁명에 성공한 유럽 나라들은 이전과는 비교도 안 될 만큼 많은 물건을 만들 수 있게 되었어. 덕분에 큰돈을 벌어 훨씬 풍요로운 삶을 누릴 수 있었지.

"흐흐, 공장에서 물건을 잔뜩 만들어 식민지에다 팔아야겠군!"

산업화에 성공한 나라들은 식민지 경쟁에 더욱 열을 올리게 되었어. 식민지는 원료 생산지이면서 동시에 상품을 내다 파는 상품 시장이기도 했지. 생산한 물건을 식민지에 팔아 벌어들인 이익으로 유럽은 점점 더 부유해졌어.

"식민지가 많은 나라일수록 강한 나라라고! 다른 나라보다 식민지를 많이 가져야 해!"

처음에는 돈을 벌기 위해 시작됐던 식민지 확장이 그 나라나 민족이 얼마나 강한가를 증명하는 기준으로 여겨지기 시작했어. 식민지 경쟁은 더욱 치열해질 수밖에 없었지.

열띤 경쟁 속에 아프리카를 비롯해 머나먼 동남아시아와 동아시아까지 유럽 **열강**의 손아귀가 뻗쳤어. 이처럼 1800년대 이후 경제적인 이득을 얻고 국가의 위상을 높이기 위해 해외 식민지를 만든 정책을 ★교과서 핵심어 **제국주의**라고 해.

유럽이 제국주의 정책을 펼칠 수 있었던 이유는 바로 산업 혁명 이후 과학 기술의 발전 때문이었어. 증기 기관을 이용해 만든 배는 유럽인이 먼바다를 누빌 수 있게 해 주었고,

곽두기의 용어 사전

열강
여러 강한 나라를 말해. 국제 문제에서 큰 힘을 발휘하는 나라들이지.

▲ 영국의 제국주의 풍자화
이집트의 카이로와 남아프리카의 케이프타운을 전신으로 연결하고자 한 영국 세실 로즈의 꿈을 나타낸 그림이야.

대포와 기관총 등 새로운 무기는 식민지를 정복하는 데 효과적인 수단이 되었지.

하지만 유럽인들의 침략은 식민지 사람들에게 큰 고통을 안겨 주었어. 삶의 터전을 마음대로 빼앗고 목숨을 앗아가는 일도 허다했지. 그런데 당시 유럽인들은 자신들의 행동이 잘못되었다고 생각하지 않았어.

"야만적이고 못 배운 사람들에게 유럽의 뛰어난 문화를 전해 주는 게 우리 백인의 의무라고!"

유럽인들은 백인이 다른 인종보다 인종적으로 우월하다는 생각도 서슴없이 표현했어. 심지어 자신들의 행위는 침략이 아니라 다른 민족을 구원해 주는 것이라고 생각했지. 그렇게 제국주의는 어떠한 죄책감도 없이 전 세계를 잔혹하게 삼켜 나갔단다.

용선생의 한 줄 정리

산업 혁명을 거친 유럽 열강은 제국주의 정책을 펼치며 전 세계에 식민지를 확대해 나갔어.

제국주의의 지배 논리, 사회 진화론

진화론은 환경에 더 적합한 생물이 살아남는다는 내용을 담고 있어. 사회 진화론은 사회나 국가도 환경에 더 적합해야 살아남는다는 주장이야. 이런 생각은 더 강한 국가가 식민지를 지배하는 일이 당연하다는 생각을 갖게 했고, 심지어는 식민지를 유럽과 같은 사회로 만들 의무가 있다고까지 주장하는 데 이르렀단다.

▲ 허버트 스펜서(1820년~1903년)
영국의 사회학자로서 사회 진화론을 주장했어.

오스만 제국의 개혁, 탄지마트

유럽 나라들이 산업 혁명으로 공장을 짓고 전 세계에 식민지를 확대해 나가고 있을 때, 수백 년간 영화를 누린 오스만 제국은 서서히 기울고 있었어. 오스만 제국의 힘이 약해지자 그 아래 있던 나라들이 오스만 제국의 지배에서 벗어나려고 했지. 특히 그리스는 유럽의 민족주의에 영향을 받아 오스만 제국에 대항해 독립운동을 펼쳤어.

"고대 그리스의 영광을 되찾자!"

그리스 곳곳에서 독립을 위한 뜨거운 목소리가 터져 나왔어. 오스만 제국을 견제하던 영국, 프랑스, 러시아는 그리스의 독립운동을 지원했지. 1832년, 오랜 전쟁 끝에 그리스는 오스만 제국으로부터 독립할 수 있었어.

그리스의 독립 소식은 오스만 제국의 지배를 받던 다른 나라에도 희망을 주었어. 루마니아, 세르비아, 불가리아 등 여러 나라가 투쟁을 통해 독립을 얻게 되었지. 이때를 틈타 유럽의 강대국들은 오스만 제국의 영토를 빼앗았어. 오스만 제국의 급격한 쇠락이 시작된 거야.

"오스만 제국이 무너지게 둘 수는 없다. 나라를 뜯어고치자!"

오스만 제국의 술탄은 개혁을 선언했어. 이렇게 실시된 오스만 제국의 개혁을 **탄지마트**(1839년)라고 해. 탄지마트는 군사, 교육, 법률 등 사회 전 분야에 걸쳐 많은 변화를 일으켰지.

오스만 제국은 탄지마트를 통해 유럽식의 군대를 만들고, 신식 무기를 들여왔어. 나라 곳곳에 학교를 세워 국민이 다양한 교육을 받을 수 있도록 했지. 또 의회를 만들고, 법을 고쳐 이슬람교를 믿지 않는 사람들의 권리를 인정하고 평등하게 대우하기 시작했단다.

▲ 오스만 제국의 근대식 군대

그러나 갑작스러운 변화에 반발하는 사람들도 적지 않았어.

"유럽을 따르는 것은 무함마드의 가르침에 어긋나는 일이오!"

이슬람교의 보수적인 지도자들은 서양의 문화가 이슬람 정신을 해친다며 개혁을 반대했어.

게다가 오스만 제국은 이전부터 이어져 온 전쟁과 개혁 때문에 나라 살림이 바닥난 상태였지. 사실상 파산 상태에 이른 오스만 제국의 개혁은 결국 중단됐어.

하지만 개혁을 부르짖는 사람들은 멈추지 않았지. 젊은 지식인들은 삼삼오오 모여 헌법에 의한 정치, 즉 '입헌 정치'를 강력하게 요구했어. 이들은 혁명을 일으켜 입헌 정치를 실시하는 데 성공했단다.

하지만 이미 유럽과의 격차가 너무 벌어져 있었어. 열강들은 끊임없이 오스만 제국을 침략했고, 오스만 제국의 위기는 쉽사리 끝나지 않았어.

 질문 있어요!

오스만 제국은 이후에 어떻게 되나요?

20세기 들어 오스만 제국은 제1차 세계 대전에서 패전국이 되어 위기를 맞았어. 이때 전쟁 영웅 무스타파 케말이 오스만 제국을 가까스로 지켜냈지. 이후 오스만 제국은 튀르키예 공화국으로 재탄생했어.

 **용선생의 한 줄 정리**
오스만 제국의 개혁 노력에도 열강의 침략이 계속됐어.

이집트와 페르시아의 식민지화

이슬람 세계에는 오스만 제국 외에도 이집트와 페르시아 등 큰 나라들이 있었어. 이들 역시 나라를 근대적으로 개혁해 서양 열강의 침입에 맞서려고 노력했지.

아프리카와 아시아의 경계에 위치한 이집트는 오스만 제국의 지배 아래 있었어. 그러다 오스만 제국의 힘이 약해지자 나라를 개혁하고 오스만 제국에서 독립하자는 목소리가 높아졌지.

"낡은 이집트를 개혁해 강국으로 만들자!"

이집트 사람들은 철도와 공장을 짓고 서양 무기를 들여와 이집트를 바꿔 나가기 시작했어. 그 결과, 오스만 제국으로부터 독립하는 데 성공했지.

이집트는 지중해와 인도양을 잇는 수에즈 운하를 건설하기 시작했어. 이전까지 유럽에서 중국과 인도를 오가는 배들은 아프리카 남쪽 끝을 빙 돌아서 왔다갔다 해야 했지. 그런데 수에즈 운하가 뚫린다면 지중해에서 인도양으로 바로 가는 길이 생겨, 시간과 비용을 크게 줄일 수 있었어. 이전보다 수천 킬로미터나 거리가 짧아지는 셈이었거든.

"수에즈 운하에서 통행료를 받으면 큰돈을 벌 수 있을 거야!"

그러나 사막에 운하를 만드는 일은 생각처럼 쉽지 않았어. 엄청난 돈이 필요한 데다가 많은 이집트인이 고된 노동으로 공사 현장에서 목숨을 잃기도 했지. 엎친 데 덮친 격으로 영국이 호시탐탐 수에즈 운하를 빼앗으려고

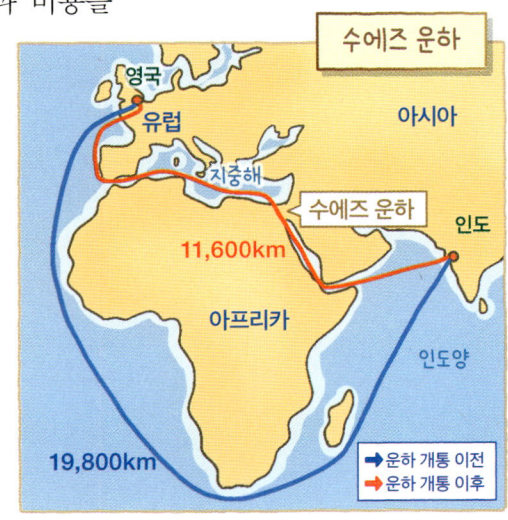

▲ 개통 당시 수에즈 운하의 모습

했어. 인도를 지배하던 영국에게는 수에즈 운하가 꼭 필요한 통행로였거든.

"우리 영국이 수에즈 운하를 차지해 버리는 거야!"

영국은 가혹한 노동을 트집 잡아 이집트 정부를 비난하고 수에즈 운하 근처에 사는 이집트 사람들의 반란을 부추기기도 했지. 수에즈 운하의 통행료가 너무 비싸다며 수에즈 운하 이용을 거부하기도 했어.

운하는 겨우 완성했지만, 영국의 방해로 수에즈 운하를 이용하는 나라들은 생각보다 많지 않았어. 이집트는 수익을 거의 내지 못했지. 공사를 위해 외국에서 빌린 돈을 갚기 어려워지자, 그 틈을 타 영국은 운하의 운영권을 가로챘어. 그리고 수에즈 운하를 지킨다는 핑계로 군대를 보내 이집트를 사실상 식민지로 만들어 버렸지.

한편, 서아시아에서 중앙아시아에 걸치는 지역에는 페르시아가 자리 잡고 있었어. 하지만 제국주의 열강의 손길은 이곳 페르시아까지 미쳤지.

특히 러시아와 영국이 페르시아를 노리고 있었어. 러시아는 바닷길을 확보하기 위해 페르시아를 공격했고, 영국은 러시아를 막으려 페르시아에 들어왔지. 이렇게 페르시아는 열강들의 싸움터가 되고 말았어.

그렇다고 페르시아가 가만히 당하고만 있던 건 아니야. 신문물을 얻기 위해 학생들을 유럽에 보내고 유럽식 학교를 세우기도 했지. 하지만 아쉽게도 그 결과가 썩 좋지 못했어. 개혁에 필요한 돈을 열강으로부터 빌렸고, 이 빚을 갚기 위해 결국 나라의 **이권**을 넘겨주는 악순환이 반복되었거든.

무능한 정부에 화가 난 페르시아 사람들은 헌법과 의회의 필요성을 절실히 느끼게 되었어. 헌법을 제정하자는 요구가 커지자, 결국 정부는 헌법을 제정할 수밖에 없었지. 드디어 페르시아도 입헌 군주국이 되었어.

하지만 영국과 러이사가 페르시아의 개혁을 가만히 두고 볼 리 없었지. 영국과 러시아는 군대를 보내 페르시아를 무단으로 점령했어. 그리고는 힘겹게 만든 헌법과 의회를 없애 버렸지. 이렇게 이집트와 페르시아도 유럽 열강의 손아귀에 넘어가 버리게 된 거야.

 곽두기의 용어 사전

이권
이익을 얻을 수 있는 권리를 말해.

 **용선생의 한 줄 정리**
개혁에 실패한 이집트와 페르시아가 결국 열강의 식민지가 되어 버렸어.

인도에서 세포이의 항쟁이 일어나다

페르시아에서 더 동쪽으로 가 볼까? 페르시아의 동쪽에는 인도가 있어. 인도의 무굴 제국은 한때 인도양 무역의 중심지로 번영을 누렸지. 하지만 이런 인도도 유럽의 침략을 받았어. 특히 영국과 프랑스가 인도 침략에 적극적이었지. 치열한 경쟁 끝에 영국이 프랑스를 몰아내고 인도를 차지했어.

"드넓은 인도가 이제 영국의 것이로구나!"

영국은 전 세계에 식민지를 거느렸지만, 가장 중요하게 생각한 식민지가 인도였어. 인도는 넓은 땅과 풍부한 자원 그리고 많은 인구까지, 영국이 바라는 완벽한 식민지의 조건을 갖추고 있었지.

18세기까지 인도의 특산물 가운데 하나가 면직물이었어. 그런데 영국은 산업 혁명 이후 인도의 목화솜을 수입해 영국의 공장에서 면직물을 만들었어. 그러고는 인도에 되팔았지. 영국의 값싼 면직물이 들어오면서 인도의 면직물 산업은 폭삭 망하고 말았단다. 인도는 아직 수공업으로 면직물을 만들어서 그 값이 훨씬 비쌌거든.

또 영국은 많은 인구의 인도인을 다스리기 위해 인도인을 이용했어. 식민지의 군대도 인도인 용병을 고용했는데, 이들을 '세포이'라고 불렀지. 세포이는 돈을 받고 영국인의 명령을 따르던 군인이었던 거야. 그런데 세포이가 영국에 반기를 든 ★교과서 핵심어 **세포이의 항쟁**(1857년)이 일어났어!

▲ 세포이
세포이들은 영국 군복을 입고 영국군으로 활약했어.

세포이는 힌두교나 이슬람교를 믿었기 때문에 종교적인 이유로 소와 돼지를 먹지 않았단다. 그런데 어느 날 세포이가 받은 총알의 포장지에 소와 돼지의 기름이 발려져 있다는 소문이 돌았어. 세포이들은 이것을 자신들의 종교를 무시한 것으로 받아들여 몹시 화가 났지.

이전부터 인도인에 대한 차별 때문에 쌓여 있던 불만에 불을 지른 셈이었어. 세포이가 봉기를 일으켰다는 소식은 각계각층의 사람들에게 퍼져 나갔고, 점차 대규모의 민족 운동으로 이어졌지. 인도인들이 영국의 식민 지배에 저항하기 시작한 거야!

"델리 점령이 코앞이다! 영국을 인도에서 몰아내자!"

세포이는 인도 북부를 중심으로 영국군을 몰아내고 델리를 점령했지. 하지만 영국의 지원군이 속속들이 도착하면서 세포이의 항쟁은 진압되고 말았어. 어렵사리 항쟁을 진압한 영국은 가슴을 쓸어내리며 인도를 지배하는 방법을 바꿨지.

"인도인을 잘 달래서 영국에 협조하게 만들어야겠어!"

이후 영국은 인도인 관리를 뽑고, 서양식 학교를 지어 주는 등 인도인이 좋아할 만한 정책을 펼쳤어. 하지만 인도인에 대한 차별은 여전했지.

이러한 차별에 불만을 품은 지식인들이 영국에 저항하는 운동을 벌이자 영국은 '**인도 국민 회의**'라는 단체를 만들어 이들의 불만을 잠재우려고 했단다. 인도 국민 회의는 이름만 보면 인도인들의 대표 모임 같지만, 실제로는 영국에 협조하는 단체였어.

> **질문 있어요!**
>
> **인도에서는 소와 돼지를 먹지 않나요?**
>
> 힌두교에서는 소를 신성한 동물로 여겨. 그래서 소고기를 먹지 않지. 반면 이슬람교에서는 돼지를 불결한 동물로 여겨서 돼지고기를 먹지 않는단다. 힌두교와 이슬람교가 섞여 있는 인도에서는 이런 이유로 소와 돼지 모두 잘 먹지 않고, 닭고기로 동물성 단백질을 섭취하는 경우가 많아.

그런데 인도인에 대한 영국의 차별이 계속되자, 인도 국민 회의의 태도도 180도 바뀌었어. 더 이상 영국에 협조하지 않고 영국에 반대하는 운동에 앞장서기로 했지.

인도 사람들은 영국의 식민 지배에서 벗어나려면 경제적으로 독립하는 게 중요하다고 생각했어. 그래서 영국 상품을 사지 말고 국산품을 쓰자고 주장했지(스와데시 운동, 1906년). 인도의 기업을 살리고 영국에 경제적으로 의존하지 않으려 노력한 거야.

또 정치적으로도 독립하기 위해 인도인 스스로 인도를 다스리는 자치권을 얻어내자는 목소리를 높이기도 했어(스와라지 운동, 1906년).

처음에 영국은 이들을 강제로 진압하고 달래 보기도 했지. 하지만 인도인들이 쉽사리 굴복하지 않자, 결국 인도인들의 자치권을 인정한다고 했어.

그러나 이것은 어디까지나 말뿐인 인정이었어. 실제로 자치권을 얻어 내는 일은 훗날을 기다려야만 했단다.

▲ 인도 국민 회의
1885년 뭄바이에서 열린 인도 국민 회의 창립 당시의 모습이야. 초기 인도 국민 회의는 영국식 교육을 받은 상인, 지식인 등으로 구성되어 영국의 통치에 협조적이었지.

용선생의 한 줄 정리
영국의 식민 지배를 받은 인도에서 세포이의 항쟁을 비롯해 민족 운동이 일어났어.

동남아시아에서 일어난 식민지 쟁탈전

영국은 인도를 손에 넣고도 만족하지 못했어.

"어디 보자~ 식민지로 삼을 만한 곳이 또 어디 있을까?"

지도에서 인도의 동쪽에 있는 지역은 동남아시아야. 동남아시아는 인도와 중국을 연결하는 길목에 있어서, 영국뿐만이 아니라 여러 나라가 차지하려고 달려드는 곳이었지.

인도를 차지한 영국이 동남아시아에 눈을 돌렸을 때는 이미 네덜란드가 인도네시아를 비롯해 동남아시아의 섬나라들을 차지하고 있었어. 이에 영국은 바닷길의 길목에 위치한 말레이시아를 먼저 손에 넣었지. 말레이시아는 인도양에서 동아시아로 가기 위해 꼭 거쳐야만 하는 곳이었거든. 이곳을 차지하게 되면 바닷길에서 유리한 위치를 차지하는 거야.

말레이시아를 차지한 영국은 대륙으로 침략을 서둘렀어. 영국은 인도와 붙어 있는 미얀마를 점령했지. 영국이 맹렬한 기세로 식민지를 늘려 나가자 다른 열강들도 눈에 불을 켜고 식민지를 늘려 나가려고 했어.

"영국의 힘이 커지는 걸 막아야 해. 동남아시아에 우리 프랑스의 식민지를 늘려야겠다!"

프랑스는 영국에 질세라 동남아시아로 진출해 베트남을 식민지로 삼는 데 성공했지. 이후 프랑스는 서서히 서쪽으로 세력을 넓혀 라오스, 캄보디아 등도 식민지로 만들었어.

이제 동남아시아 대륙의 서쪽은 영국이 차지하고, 동쪽은 프랑스가 차지한 셈이 됐지. 대륙의 중심부에 있던 태국은 영국과 프랑스가 직접 충돌하는 것을 막기 위한 **완충** 지대로 두어 독립을 유지할 수 있었단다.

새로운 강자로 떠오른 미국도 동남아시아에 발을 디뎠어. 미국은 에스파냐와의 전쟁에서 승리하고 섬나라인 필리핀을 차지했지(1898년). 그리고 태평양 한복판의 괌과 하와이까지 수중에 넣었어.

이렇게 제국주의가 동남아시아까지 삼키면서 동남아시아 대부분이 서구 열강의 식민 지배를 받게 되었지. 열강은 동남아시아 사람들을 괴롭히고 자원을 마음대로 빼앗아 가면서 가혹하게 식민 지배를 해나갔단다.

 곽두기의 용어 사전

완충
충격이나 충돌 등을 줄어들거나 누그러지게 하는 걸 말해.

 **용선생의 한 줄 정리**
동남아시아에서는 영국, 프랑스, 네덜란드, 미국 등이 침략해 대부분의 지역을 식민지로 만들었어.

아프리카를 나눠 가진 유럽 열강

16세기 신항로 개척 이후 유럽은 아프리카를 식민지로 삼으려고 했지만, 험한 지형과 **풍토병** 때문에 주로 바닷가 주변에만 머물렀어. 그러다 19세기 들어 의학이 발전하고 풍토병을 치료하는 약이 개발되자, 기다렸다는 듯이 아프리카 깊숙한 곳까지 침범했지.

아프리카에서의 식민지 경쟁은 점점 치열해졌어. 경쟁이 너무 과열되자 열강들은 이를 중재하기 위해 독일 베를린에서 회의를 열기로 했지(**베를린 회의**, 1884년).

"콩고는 이미 벨기에가 식민지로 삼고 있었소!"

"무슨 소리! 포르투갈도 콩고 해안가에 식민지를 갖고 있었소!"

유럽 각국의 대표가 다투는 소리에 회의장이 시끄러웠어. 콩고를 차지하려는 벨기에와 포르투갈 대표 간의 다툼이었지. 회의장에는 벨기에와 포르투갈 외에도 영국, 프랑스, 독일, 이탈리아 등 유럽 여러 나라의 대표가 참석해 있었어. 회의는 좀처럼 만족할 만한 결과를 낳지 못했어. 그만큼 식민지를 얻기 위한 다툼이 치열했던 거지.

"이미 점령한 지역은 그 나라의 지배권을 인정하도록 합시다."

"누가 먼저인지 정하기 어려운 경우에는 현재 지배하고 있는 나라의 지배권을 인정해 주는 게 어떻겠소?"

오랜 회의 끝에 유럽 열강은 먼저 차지한 식민지에 대해서는 권리를 인정해 주자는 원칙을 세우고, 그에 따라 아프리카 대

 곽두기의 용어 사전

풍토병
어떤 지역의 기후나 땅, 환경 등으로 인해 생기는 병을 말해. 열대 지방의 말라리아가 대표적이야.

▲ 베를린 회의
1884년, 독일의 비스마르크 주최로 개최된 회의야. 이 회의에 유럽의 주요 국가들이 모여 아프리카 식민화 원칙을 정했지.

유럽의 아프리카 분할

륙을 마음대로 나눠 가졌단다.

하지만 베를린 회의 이후에도 열강들의 경쟁은 여전히 불꽃이 튀었어. 영국과 프랑스는 '파쇼다'라는 지역에서 서로가 이 땅의 주인이라고 주장하다 전쟁이 일어날 뻔하기도 했지(파쇼다 사건, 1898년).

가장 큰 문제는 열강들이 아프리카의 문제를 결정하는 데 아프리카 사람들의 말은 전혀 듣지 않는다는 것이었어. 국경선도 자기들 마음대로 그어 버렸지. 현재 아프리카 나라들의 국경이 마치 자로 그은 것처럼 일직선인 이유가 바로 이것 때문이야. 열강들의 이런 통치 방식은 지금까지도 분쟁의 씨앗이 되어 많은 갈등을 일으키고 있어.

식민 지배 아래에서 아프리카인들의 고통은 말로 할 수 없을 정도로 커졌어. 유럽 사람들은 고무, 구리 같은 천연자원을 마구잡이로 채취해 아프리카 땅을 황폐하게 만들었지. 게다가 아프리카 사람들에게 갖은 폭력을 일삼으며 혹독한 강제 노동을 시켰어. 노예제가 폐지된 후에도 아프리카 사람들을 노예로 부렸지. 심지어는 곳곳에서 원주민에 대한 대규모 학살이 일어나기까지 했어. 제국주의는 아프리카에 씻을 수 없는 상처를 남긴 거야!

이게 국경선이야.

용선생의 한 줄 정리

유럽 열강들이 아프리카 대륙을 마구잡이로 나눠 가지며, 아프리카 사람들에게 큰 피해를 입혔어.

수재의 세계사 노트

제국주의	제국주의 배경	① 산업 혁명을 거치며 열강들이 약소국을 침략해 식민지로 만드는 **제국주의** 정책을 펼침
열강의 침략과 저항	오스만 제국	① 오스만 제국으로부터 **그리스** 등 여러 나라가 독립 ② 유럽 문물을 적극 받아들이는 개혁인 **탄지마트**를 실시 (1839년) ③ 혁명이 일어나 입헌 정치를 실시
	이집트와 페르시아	① 이집트는 영국에게 **수에즈 운하** 운영권을 빼앗김 ② 페르시아는 영국과 러시아에 점령됨
	인도	① 인도가 영국 지배에 맞서 **세포이의 항쟁**을 일으킴 (1857년) ② **인도 국민 회의**가 반영 운동을 벌임
	동남아시아	① 영국, 프랑스, 네덜란드, 미국이 동남아시아를 점령
	아프리카	① 열강들이 **베를린 회의**(1884년)를 통해 아프리카 대륙을 나눠 가짐.

세계사 능력 시험

✓ 시험에 잘 나와!

01 다음 주제에 대한 학생들의 발표 내용으로 알맞지 <u>않은</u> 것은 무엇일까? ( )

발표 주제
제국주의 사회 모습

① 식민지 사람들이 큰돈을 벌어들였어요.
② 다른 인종을 무시하는 태도를 보였어요.
③ 경제적인 이익을 위해 식민지를 늘렸어요.
④ 식민 지배에 저항하는 민족 운동이 일어났어요.

02 밑줄 친 '이 대륙'으로 알맞은 것은 무엇일까? ( )

유럽 열강들은 베를린 회의에서 먼저 차지한 식민지에 대해 권리를 인정하자는 원칙을 세우고, <u>이 대륙</u>을 나눠 가졌어요.

① 아시아
② 아메리카
③ 아프리카
④ 오세아니아

03 (가)에 들어갈 내용으로 알맞은 것은 무엇일까? ( )

대제국을 건설했던 오스만 제국은 왜 쇠퇴하게 되었을까?

(가)

① 흑사병이 유행해 인구가 줄었기 때문이에요.
② 지중해가 무역의 중심지로 떠올랐기 때문이에요.
③ 노예 제도를 두고 남부와 북부가 전쟁을 치렀기 때문이에요.
④ 그리스, 루마니아 등 여러 나라가 오스만 제국으로부터 독립했기 때문이에요.

04 빈칸에 들어갈 내용으로 알맞은 것은 무엇일까? ( )

[역사 정리 노트]

탄지마트

오스만 제국은 사회 전 분야에서 개혁을 실시했는데, 이를 탄지마트라고 해요. 대표적인 개혁 내용으로는 _____

① 삼부회를 소집했어요.
② 무적함대를 만들었어요.
③ 철혈 정책을 추진했어요.
④ 유럽식 군대를 만들었어요.

05 지도의 ㉠ 운하에 대한 설명으로 알맞지 <u>않은</u> 것은 무엇일까? ( )

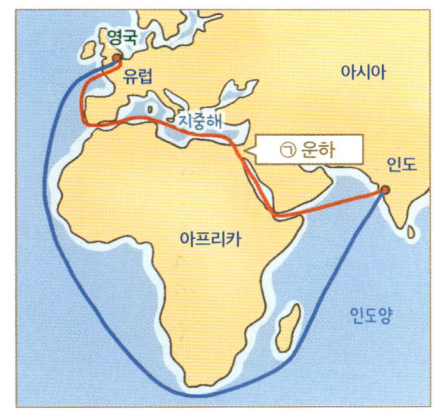

① 오스만 제국이 만들었어요.
② 지중해와 인도양을 잇는 운하예요.
③ 영국이 이집트의 운영권을 빼앗았어요.
④ 유럽과 아시아를 오가는 시간을 크게 줄였어요.

06 다음 사건의 결과로 알맞은 것은 무엇일까? ( )

① 카스트 제도가 폐지되었어요.
② 영국이 인도의 식민지가 되었어요.
③ 인도에서 종교의 자유가 인정되었어요.
④ 영국이 인도를 지배하는 방식을 바꿨어요.

07 밑줄 친 '이 단체'에 대한 설명으로 알맞지 <u>않은</u> 것은 무엇일까? ( )

> 영국은 인도 내에서 영국 저항 운동이 거세지자, 불만을 잠재우기 위해 구성된 이 단체를 만들었어요. 영국은 이 단체를 통해 영국에 협조하는 인도인을 늘리려고 했지요.

① 국산품 사용을 주장했어요.
② 베를린 회의에 참여했어요.
③ 인도인으로 구성된 단체예요.
④ 자치권을 얻어내자고 주장했어요.

08 (가)와 (나)에 들어갈 나라를 바르게 짝지은 것은 무엇일까? ( )

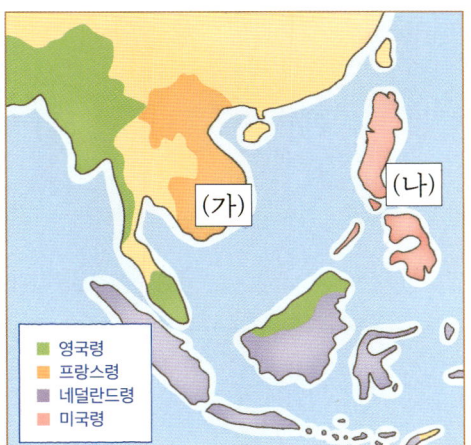

	(가)	(나)
①	미얀마	필리핀
②	미얀마	인도네시아
③	베트남	태국
④	베트남	필리핀

리빙스턴, 아프리카에 잠들다

리빙스턴은 다른 유럽인과 달리 아프리카 사람들을 있는 그대로 이해하려고 노력했어. 아프리카 사람 몇 명과 함께 탐험을 다녔는데, 다른 유럽 사람들은 이들을 하인 부리듯이 했지만, 리빙스턴은 친구처럼 지냈다고 해. 리빙스턴은 탐험 도중 병에 걸려 1873년 아프리카에서 숨을 거두었지. 아프리카를 고향처럼 생각한 리빙스턴다운 마지막이라고 할 수 있을 거야.

2 중화민국이 탄생하다

1840년	1851년	1861년	1894년	1911년
제1차 아편 전쟁	태평천국 운동	양무운동	청일 전쟁	신해혁명

청나라와 영국의 무역

전 세계에 식민지를 건설하며 승승장구하던 영국은 아시아의 동쪽 끝, 동아시아에도 눈독을 들이기 시작했어. 그중에서 가장 눈에 띈 나라는 거대한 제국 **청나라**였지. 청나라를 보면서 영국 사람들은 생각했어.

"영국에서 생산한 물건을 청나라에 팔면 떼부자가 되겠지?"

18세기부터 영국 상인들은 갖가지 물건을 팔기 위해 청나라로 몰려들었어. 하지만 청나라와의 무역은 좀처럼 영국인들의 뜻대로 흘러가지 않았지. 스스로를 천하의 중심이라고 생각한 콧대 높은 청나라인들에게 영국산 물건은 관심거리가 아니었거든.

게다가 청나라에서의 상업 활동은 많은 제약이 따랐어.

"외국 상인들이 무역할 수 있는 항구를 제한하고 그들의 행동을 일일이 감시하라!"

떼부자가 되겠다던 영국 상인들의 꿈도 물거품이 되고 말았지. 그런데 영국산 물건은 청나라에서 인기가 없었던 반면 청나라의 차와 도자기는 영국 귀족들 사이에서 엄청나게 큰 인기를 얻었어. 그 결과 영국은 청나라와 무역을 하면 할수록 엄청난 **적자**를 보게 되었지.

그렇다고 영국이 청나라와의 무역을 포기할 수는 없었어. 청나라의 인구는 유럽 전체의 인구보다 더 많아서 포기하기에는 너무 매력

 곽두기의 용어 사전

적자와 **흑자**
나간 돈이 들어온 돈보다 많을 때 생기는 손실을 적자(赤字)라고 해. 반대로 들어오는 돈이 더 많을 때는 흑자(黑字)라고 하지. 옛날 장부에 각각 붉은색, 검정색 글씨로 기록해서 이런 이름이 붙었어.

▼ 청나라의 국제 무역항 광저우

▲ 아편의 재료가 되는 양귀비꽃
양귀비의 꽃봉오리에서 나온 즙으로 아편을 만들었어.

적인 시장이었거든. 그래서 영국인들이 자유롭게 무역을 할 수 있도록 국왕이 직접 청나라 황제에게 편지를 쓰기도 했지. 그러나 황제의 답변은 단호했어.

"청나라는 땅이 넓고 온갖 물건이 나므로 영국과의 무역이 필요 없다!"

영국의 무역 상황은 나아지지 않았고, 그러는 동안 청나라에서 차를 수입하느라 많은 양의 은이 영국에서 청나라로 빠져나가고 있었어. 영국 정부는 이 문제를 해결할 방법을 고민하기 시작했지.

"어떻게 해야 청나라에 들어간 은을 다시 영국으로 가져올 수 있을까?"

영국은 엉뚱한 답을 찾아냈어. 바로 '아편'이었지. 영국은 마약의 일종인 아편을 청나라에 몰래 수출하기 시작했어. 마약을 몰래 수출했으니, 엄연히 죄를 저지른 거지. 그럼에도 불구하고 아편에 중독된 사람이 점점 늘어나면서 영국은 엄청난 양의 아편을 청나라에 수출할 수 있었어. 그리고 아편을 판매하고 받은 은을 영국으로 가져갈 수 있었지. 그 결과 청나라와의 무역에서 오랫동안 손해만 보던 영국이 이제 큰 흑자를 보게 되었어.

> **용선생의 한 줄 정리**
> 무역 적자가 계속되던 영국이 청나라에 아편을 팔아 큰 이득을 보았어.

강제로 문을 연 청나라

영국 상인이 몰래 들여온 아편은 청나라에 빠르게 퍼져 나갔어. 아편은 중독성이 강한 약물이라 한번 아편을 피운 사람은 쉽게 끊지 못했지. 아편 때문에 사람들이 건강을 해치고 일을 제대로 못 하자, 청나라 정부는 아편을 단속하기 시작했어.

"아편이 수입되는 것을 막고 아편 피우는 것을 법으로 금지하라!"

하지만 단속은 별 효과를 거두지 못했어. 이미 1천만 명이 넘는 사람들이 아편에 중독된 상태였거든. 아편을 단속해야 할 관리들마저도 아편에 중독되었다고 하니 상황이 얼마나 심각했는지 알겠지?

그렇다고 이 상황을 가만히 지켜볼 수는 없는 노릇이었어. 청나라 정부는 아편 중독 문제가 더 커지지 않도록 칼을 빼 들어야 했지. 황제는 아편 단속에 철저하기로 유명했던 **임칙서**에게 특명을 내렸어.

"아편을 피우는 사람을 강력히 처벌하고 아편 수입과 관련된 사람을 엄격하게 단속하라!"

임칙서는 우선 아편을 수입한 사람들을 체포하고 아편을 빼앗았어. 그리고 외국 상인들이 가지고 있던 아편도 모두 녹여서 없애 버렸지.

그런데 이 소식이 전해지자, 영국 사람들은 분노했어.

"청나라가 영국인의 재산을 강제로 빼앗았다!"

"감히 영국인들을 건드리다니! 참을 수 없다!"

영국에서 청나라를 비난하는 목소리가 점차 거세지더니, 급기야는 청나라와 전쟁을 해야 한다는 이야기까지 나왔지. 1840년, 이렇게 제1차 **아편 전쟁**이 시작되었어.

임칙서
(1785년~1850년)
청나라 관리야. 황제의 명령을 받아 광저우에서 상인들의 아편을 몰수했어.

• 중화민국이 탄생하다

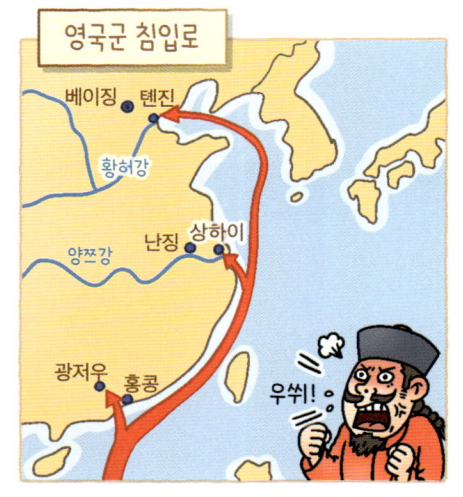

전쟁이 시작되자 영국이 자랑하는 막강한 해군이 청나라로 향했어. 영국의 군함은 단단한 철갑을 두르고 최신식 대포를 장착하고 있었지.

쾅! 하늘을 찢는 듯한 대포 소리와 함께 영국군의 선제공격으로 전투가 시작됐어. 그런데 전투는 의외로 싱겁게 끝이 났어. 영국의 신식 무기 앞에서 청나라의 낡은 배와 무기는 아무런 힘을 쓸 수 없었지. 영국군은 기세를 몰아 수도인 베이징까지 진격했어.

더 이상 저항할 힘이 없던 청나라는 난징에 있던 영국 군함 위에서 조약을 맺고 항복을 선언했어. 이때 맺은 **난징 조약**으로 영국은 몰수당한 아편값은 물론 전쟁 배상금도 받아 냈어. 그리고 영국 상인이 자유롭게 무역을 할 수 있도록 청나라의 항구 도시들을 개방하게 했지.

영국이 청나라를 이겼다는 소식은 곧 전 세계로 퍼졌어. 그러자 서양의 강대국들은 생각했지.

"청나라가 덩치만 컸지, 열강의 상대가 못 되는구나!"

이후 미국, 프랑스, 러시아 등 여러 나라가 앞다투어 청나라로 향했어. 이들은 무력으로 청나라를 압박하고 강제로 조약을 맺으면서 굳게 닫혀 있던 청나라의 문을 조금씩 열었지.

난징 조약 주요 내용
- 상하이 등 5개 항구를 개항하고 홍콩을 영국에 넘긴다.
- 중국에 사는 영국인 범죄자는 영국에서 처벌하겠다.
- 영국에 막대한 배상금을 지불한다.
- 수출입 물품에 대한 세금은 영국과 함께 결정한다.

▲ 난징 조약을 체결하는 모습

영국은 자신들에게 유리한 조약을 맺기 위해 또 한 번 청나라와 전쟁을 벌였어. 이번엔 프랑스와 연합군을 만들어 수도인 베이징까지 위협했지(제2차 아편 전쟁, 1856년).

"영국과 프랑스 연합군이 베이징까지 쳐들어왔습니다!"

"아아! 천하의 중심인 청나라가 어찌 이런 꼴을 겪는단 말인가!"

황제부터 백성들까지 피란 행렬이 줄을 이었고, 이번에도 청나라는 불평등한 조약을 맺을 수밖에 없었어.

두 차례의 아편 전쟁은 청나라 사람들에게 큰 충격을 주었지. 천하의 중심인 줄 알았던 청나라가 알고 보니 우물 안 개구리였던 거야. 이후 청나라는 서양 세력의 반 식민 상태가 되었어.

 **용선생의 한 줄 정리**
청나라는 아편 전쟁에서 패하고 나라의 문을 열게 되었어.

청나라를 뒤흔든 태평천국 운동

아편 전쟁의 패배 이후 청나라 사회는 불안정했어. 관리들은 부정부패를 일삼고 농민들의 삶은 갈수록 피폐해졌지. 청나라 정부의 무능함을 느낀 사람들 사이에서는 점차 반란의 기운이 꿈틀거리기 시작했단다.

이런 분위기 속에서 등장한 사람이 바로 **홍수전**이야. 평범한 농민 집안에서 태어난 홍수전은 책을 통해 크리스트교를 접하게 되었어. 그리고 꿈에서 하느님으로부터 계시를 받았다며 이렇게 이야기했지.

"나는 하느님의 아들이자 예수님의 동생이다!"

그리고 중국 전통 신앙에 크리스트교의 가르침을 섞어 '배상제회'라는 단체를 만들었어.

"모든 사람은 하느님의 자녀이며 형제이므로 모두가 평등하다!"

당시 차별받던 가난한 농민, 노동자들이 평등사상에 관심을 가지면서 배상제회의 세력은 점점 커졌단다. 홍수전은 1851년, 강남 지방에서 수만 명의 신도들을 모아 놓고 선언했어.

"청나라를 몰아내고 하느님의 천국을 지상에 세우겠노라!"

홍수전은 나라의 이름을 **태평천국**이라 하고 스스로 왕이 되었어. 이 소식에 놀란 청나라 황제는 태평천국 세력을 진압하기 위해 군대를 보냈지. 그런데 예상과

홍수전
(1814년~1864년)
꿈에서 계시를 받았다며
'배상제회'라는 종교 단체를 만들고,
태평천국 운동을 일으켰어.

질문 있어요!

배상제회는 어떤 단체예요?

배상제회는 하늘에 계신 하느님(상제)만을 믿고 따르는 단체야. 다른 신을 부정하고 우상 숭배를 금지하는 크리스트교 가르침에 따라 제사를 지내던 서원이나 절을 파괴했어.

나는 중국에서 태어난 예수 동생이다! 내가 새로운 세상을 만들어 줄게!

나 믿어 봐~

달리 태평천국군이 청나라 군대를 물리쳤어.

유럽 열강과 전쟁을 치르느라 청나라 군대가 많이 약해진 탓도 있지만, 무엇보다 태평천국을 지지하는 농민들이 많았기 때문에 가능한 일이었어. 태평천국군은 불과 2년 만에 난징을 수도로 삼고, 강남 지방 대부분을 차지했어.

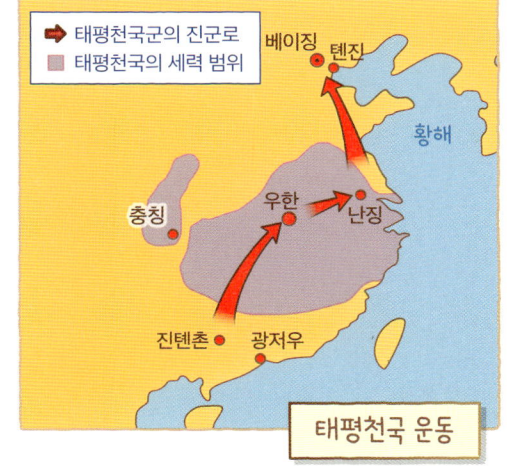

태평천국 운동

태평천국군은 자신들이 점령한 지역을 안정시키기 위해 노력했지. 그리고 모든 사람에게 땅을 공평하게 나눠 주고, 곡식도 나눠 주겠다고 약속했어. 가난한 사람들은 태평천국에 열광했지.

하지만 사람들이 꿈꾸던 세상은 오지 않았어. 태평천국이 10년도 채 못 가 삐걱거리기 시작했거든. 왕이 된 홍수전은 수많은 부인을 거느리며 사치에 빠지기 시작했지. 부하들도 권력에 눈이 멀어 피 튀기는 다툼을 벌인 결과 태평천국은 서서히 무너져 갔어.

태평천국에 불만을 갖고 있던 지방의 관리들은 군대를 이끌고 태평천국을 공격했어. 서구 열강도 태평천국의 반란이 무역 활동에 방해가 된다고 생각해 태평천국을 공격하기 시작했지. 결국 청나라 정부와 서양 연합군의 공격에 태평천국은 멸망하게 되었단다.

태평천국 운동은 청나라가 얼마나 쇠약해졌는지 만천하에 까발려진 사건이었어. 이제 더 이상 개혁을 늦춰서는 안 된다는 목소리가 곳곳에서 나오기 시작했지.

용선생의 한 줄 정리

홍수전이 세운 태평천국은 백성들의 지지를 받았고, 청나라는 개혁을 미룰 수 없을 지경이 되었어.

서양 문물을 배우자! 양무운동

아편 전쟁과 태평천국 운동이 휩쓸고 간 청나라에서는 개혁을 요구하는 목소리들이 점차 커졌어. 특히 서양 무기가 준 충격이 컸지.

"서양 무기의 위력은 실로 엄청나구나!"

"하루라도 빨리 서양의 기술을 받아들여야 살아남을 수 있겠어."

증국번과 **이홍장**은 태평천국 운동을 진압한 공으로 높은 자리에 올랐어. 이들은 아편 전쟁과 태평천국 운동에서 서양 무기의 우수성을 직접 경험했기 때문에 개혁의 필요성을 뼈저리게 느꼈지.

이때부터 청나라는 과학, 군사, 교육 등 여러 분야에서 서양의 기술을 받아들이는 데 힘썼는데, 이 개혁을 **양무운동**(1861년)이라고 불러.

"우선은 무기를 만들 공장을 세워야 합니다. 그리고 새로운 군대도 만들어야 합니다!"

증국번과 이홍장 등 양무운동을 이끈 이들은 가장 먼저 서양식 총과 대포, 군함을 만들기 위해 공장부터 짓기 시작했어. 그렇게 전국 각지에는 20개가 넘는 무기 공장이 세워졌지. 그리고 새롭게 해군을 만들고, 우수한 군인을 기르기 위한 군사 학교도 세웠어.

"서양이 강해진 비결을 알기 위해서는 학생들을 외국에 보내야 하옵니다!"

청나라는 서양의 문물을 배우기 위해 미국, 프랑스 등으로 유학생들을 보냈지. 국내에는 외국어 학교를 만들고 서양의 과학, 군사와

이홍장
(1823년~1901년)
태평천국 운동을 진압하는 데 큰 역할을 한 인물이야. 양무운동을 이끌었지.

▲ 금릉 기기국
난징에 설치된 군수 공장으로, 서양식 총과 대포, 포탄 등을 생산했어.

관련된 책을 번역해 가르치기도 했어.

양무운동이 진행되는 동안 중국에는 많은 변화가 일어났어. 기계 돌아가는 소리가 여러 공장에서 쉼 없이 들려왔고, 기차가 다닐 수 있도록 철도가 곳곳에 깔리기 시작했지. 이 무렵 전기가 들어오면서 사람들의 생활 모습도 점차 바뀌어 나갔어.

▲ 청나라의 군함
독일에서 수입해 온 군함으로, 철갑을 두른 최신식 군함이었어.

그런데 양무운동을 주도한 사람들은 서양의 기술만을 중요하게 생각했어.

"서양의 문화나 제도 따위는 필요 없어. 서양의 기술만 배우면 돼!"

서양이 발전할 수 있었던 데에는 의회를 통한 의사 결정이나 민주주의 같은 법과 제도가 중요한 역할을 했는데, 정작 그런 부분은 소홀히 한 거지. 그러다 보니 지배층의 부패를 해결할 수 없었고, 결국 사회 전체를 개혁하는 데는 실패했단다.

이러한 양무운동의 한계는 청일 전쟁(1894년)의 패배로 명백히 드러났어. 청나라와 일본은 조선을 두고 전쟁을 치렀는데, 청나라가 야심차게 키운 해군이 일본에 이렇다 할 힘도 써 보지 못하고 패배한 거야. 서양이 아닌 아시아 국가에 처참히 패배하자 청나라의 체면은 구겨질 대로 구겨졌어. 강력한 중국을 만들려 한 양무운동은 그렇게 실패로 끝이 나고 말았지.

서양 무기만 있으면 우리도 서양처럼 강해질 수 있어!

서양 무기를 만들자!

> **용선생의 한 줄 정리**
> 청나라 관리들을 중심으로 양무운동이 일어났지만, 서양의 기술만을 배워 사회를 바꾸기에는 한계가 있었어.

중화민국이 탄생하다

계속되는 개혁의 시도와 좌절

청일 전쟁의 패배는 양무운동을 넘어선 새로운 개혁이 필요하다는 사실을 사람들에게 일깨워줬어.

"나라를 바꾸려면 기술만 배워서는 부족합니다. 낡은 제도와 사상을 뿌리 뽑아야 합니다."

캉유웨이는 일본의 제도 개혁을 보며 중국도 서양의 기술뿐만 아니라 문화와 제도도 받아들여야 한다고 생각했지. 그는 특히 청나라도 유럽을 본받아 헌법을 만들고, 헌법에 따라 나라를 통치하는 입헌 군주제를 실시해야 한다고 생각했어.

캉유웨이는 양무운동이 끝나기 전부터 자신의 생각을 글로 써 여러 번 황제에게 올렸어. 청일 전쟁의 패배 이후 위기감을 느끼던 황제의 눈에 캉유웨이의 글이 눈에 띄었고 캉유웨이에게 개혁을 추진할 것을 명령했지.

1898년, 캉유웨이는 '청나라의 낡은 제도와 법을 고쳐 스스로 강해져야 한다'는 **변법자강 운동**을 추진했어.

"서양식 의회와 헌법을 만들어 나가야 합니다!"

캉유웨이는 의회나 헌법을 만드는 것 외에도 무려 100가지가 넘는 개혁안을 실시해 나갔어. 근대적인 우편 제도를 만들고, 서양식 학교를 만들기도 했지. 그리고 신문과 잡지를 만들어 개혁의 내용을 국민들에게도 퍼뜨렸어.

순조롭게 개혁이 진행되는 듯 보였지만 변법자강 운동을 달갑지 않은 눈으로 바라보는 사람이 있었어. 청나라 황실의 최고 권력자였던 서태후였지. 황제의 숙모였던 서태후는 어린 조카를 황제 자리에 앉히고 권력을 휘둘러 왔어.

캉유웨이
(1858년~1927년)
변법자강 운동을 이끌었어. 양무운동의 실패를 보고 중국의 법과 제도를 개혁해야 한다고 주장했지.

서태후
(1835년~1908년)
청나라 말기에 중국의 권력을 잡은 사람이야. 황제 대신 나랏일을 맡아봤지만, 사치만 부리며 나라를 기울게 했지.

"황제가 변법자강 운동을 핑계로 권력을 차지하려는 속셈인가 보군. 이런 괘씸한!"

서태후와 그를 따르던 보수 세력은 변법자강 운동이 성공하면 자신들의 권력을 황제와 개혁 세력에게 빼앗길까 두려웠어. 서태후가 자신을 탐탁치 않아 한다는 걸 알아챈 캉유웨이는 자신들이 먼저 서태후를 암살할 계획을 세웠지. 하지만 암살 계획은 사전에 들통이 나 실패로 끝나고 말았어.

"황제를 가두고 캉유웨이를 포함한 개혁파를 모두 체포하라!"

결국 서태후는 황제를 몰아내고 다시 권력을 차지했어. 이로써 변법자강 운동은 막을 내리고 말았지.

나라가 망할 위기에 처했는데도 자신들의 권력 지키기에 급급한 서태후와 보수 세력을 보며 사람들은 이제 청나라를 무너뜨려야 한다고 생각했어. 청나라에서 혁명의 불꽃이 타오르기 시작한 거야!

용선생의 한 줄 정리

청나라의 법과 제도까지 개혁하려는 변법자강 운동이 펼쳐졌지만, 서태후 등 보수 세력의 반발로 실패했어.

의화단 운동

1899년 종교 단체인 의화단이 서양 세력을 몰아내자며 봉기를 일으켰어. 의화단은 교회를 습격하고 많은 외국인을 죽였지. 서태후는 의화단을 이용해 열강을 몰아내려 했지만, 열강의 연합군에 진압되었어. 오히려 열강은 이 사건을 빌미로 많은 이권을 요구하며 청나라를 더욱 압박했단다.

◀ 서양식 철도를 파괴하는 의화단

신해혁명으로 중화민국이 세워지다!

"청나라를 우리 손으로 무너뜨려야 합니다. 이제는 청나라를 개혁하는 것이 아닌, 새로운 나라를 만들어야 할 때입니다!"

쑨원은 사람들을 모아 놓고 결의에 찬 목소리로 말했어. 어린 시절 하와이 유학 생활을 통해 일찍이 서양의 문화와 제도를 익힌 그는 청나라 황실의 부패와 무능을 비판했지.

여러 개혁 운동이 실패로 끝나자, 쑨원은 청나라를 무너뜨리기 위한 혁명을 본격적으로 준비했어. 나라 안팎을 돌아다니며 뜻을 함께할 동지들을 모은 쑨원은 중국 동맹회라는 혁명 단체를 만들었지.

"처음부터 끝까지 국민의 나라를 만들어야 합니다. 저는 이것을 삼민주의라고 이름 붙였습니다."

쑨원 (1866년~1925년)
중화민국을 세운 인물이야. 삼민주의를 주장하며 중국 역사 최초의 공화국을 세웠어.

【 쑨원의 삼민주의 】

- **민족주의**   만주족의 청나라를 무너뜨리고 한족의 나라를 세운다
- **민권주의**   황제가 지배하는 나라가 아닌 모든 국민이 정치에 참여하는 공화국을 세운다
- **민생주의**   평등하게 땅을 나눠 국민의 생활을 풍요롭게 한다

쑨원의 삼민주의에 공감하는 사람이 늘면서 혁명 세력의 규모는 점차 커져 갔어. 이들은 언젠가 다가올 혁명의 순간을 위해 무기를 갖추고 봉기를 일으킬 준비를 했지. 그러던 어느 날, 혁명의 도화선에 불을 붙인 사건이 벌어졌어.

"지금 공사 중인 철도를 모두 나라의 소유로 한다!"

당시 청나라의 철도 건설은 부자부터 가난한 농민까지 백성들이 돈을 투자해서 만들고 있었어. 그런데 개혁을 무리하게 추진하느라 나랏돈이 부족해지자, 갑자기 정부가 철도를 일방적으로 빼앗아가겠다고 한 거야.

"우리들이 투자한 돈은 어떡하라고!"

"국민들의 뒤통수나 치다니! 이런 정부는 더 이상 필요 없다!"

결국 사람들의 불만은 폭발했고 청나라 정부를 타도하려는 봉기가 각지에서 일어났어. 1911년 신해년에 일어난 혁명이라고 해서 이 혁명을 **신해혁명**이라고 불러. 혁명의 불길은 삽시간에 퍼져 나갔지. 혁명이 일어난 지 두 달이 채 되지 않아 난징을 포함한 강남 지역이 혁명군 손에 들어갔어.

"지금 이 자리에서 중화민국이 새로 만들어졌음을 선포합니다!"

쑨원은 난징을 수도로 삼고 **중화민국**을 세웠어(1912년). 중국 역사 최초로 황제나 왕이 아닌 국민에게 주권이 있는 공화국이 탄생한 순간이었지!

쑨원은 중화민국의 임시 총통 자리에 올랐어. 하지만 중화민국의 앞길은 순탄치 않았지. 청나라의 주력 부대가 난징으로 쳐들어오고 있었거든.

위안스카이가 이끌던 청나라의 주력 부대는 다른 청나라 부대와 달리 신식 무기로 무장한 잘 훈련된 군대였어. 급하게 결성된 혁명군이 위안스카이의 군대에 패배할 것은 불 보듯 뻔했지. 쑨원은 고민에 잠겼어.

위안스카이
(1859년~1916년)
청나라의 장군이야. 중화민국의 첫 대총통이 되었어.

"이대로 싸우면 중화민국이 무너진다. 삼민주의라는 대의를 지키려면 위안스카이와 손을 잡아야 해."

고민 끝에 쑨원은 위안스카이가 거절하기 힘든 제안을 했어.

"우리를 도와 청나라를 무너뜨린다면 중화민국의 총통 자리를 그대에게 주겠소."

권력에 욕심이 많았던 위안스카이는 이 제안을 받아들였고 군대를 돌려 청나라를 멸망시켜 버렸어! 이로써 2천 년 넘게 계속된 중국의 황제 체제가 완전히 막을 내렸지.

하지만 쑨원의 바람과는 달리 위안스카이는 스스로 황제가 되려 했어. 그러자 위안스카이를 비판하는 목소리가 곳곳에서 터져 나왔지.

위안스카이는 얼마 지나지 않아 병으로 세상을 떠났어. 이후 위안스카이의 후계자를 자처한 군인들, 쑨원이 이끄는 혁명 정부 등이 뒤엉켜 싸우면서 중국에는 한동안 대혼란이 계속되었단다.

용선생의 한 줄 정리
신해혁명이 일어나 중화민국이 세워졌지만, 여러 세력들이 다투며 혼란이 계속됐어.

수재의 세계사 노트

교과서에 나오는 중요한 내용을 정리했어!

청나라의 개항	아편 전쟁	① 영국이 청나라에 아편을 수출하자, 청나라가 아편을 단속 ② 청나라가 제1차 아편 전쟁(1840년)에서 패한 뒤 난징 조약을 맺고 항구를 개항
중국의 개혁 운동	태평천국 운동	① 홍수전이 태평천국 운동을 일으켜 중국의 강남 지방을 차지(1851년) ② 평등사상을 내세워 농민들의 지지를 얻음
	양무운동	① 증국번, 이홍장의 주도로 서양의 기술과 문화를 받아들여 개혁하자는 양무운동이 일어남(1861년) ② 청일 전쟁의 패배로 한계가 드러남(1894년)
	변법자강 운동	① 캉유웨이가 변법자강 운동을 추진해 서양식 의회와 헌법을 만듦 ② 서태후 등 보수 세력의 반대로 개혁 실패
신해혁명과 중화민국	신해혁명의 발발	① 쑨원이 삼민주의를 내세우며 혁명 운동을 전개 ② 청나라 정부가 민간 철도를 빼앗자 신해혁명이 발발 (1911년)
	중화민국의 탄생	① 쑨원이 난징을 수도로 중화민국을 세우고 임시 총통이 됨 ② 위안스카이가 혁명군과 손잡고 청나라를 멸망시킴

세계사 능력 시험

01 (가)에 들어갈 내용으로 알맞은 것은 무엇일까? ( )

영국은 청나라와의 무역에서 보던 적자를 어떻게 해결했을까?

(가)

① 청나라에 아편을 몰래 수출했어요.
② 청나라와 손잡고 인도를 공격했어요.
③ 청나라에 영국산 물건을 비싸게 팔았어요.
④ 대륙 봉쇄령을 내려 청나라를 고립시켰어요.

✓ 2020 대학수학능력시험 변형

02 밑줄 친 '이 전쟁'에 대한 설명으로 알맞은 것은 무엇일까? ( )

> 넓은 영토를 가진 나라가 작은 나라에 강남 지방을 빼앗기는 지경에 이르렀다. 나라가 이렇게 된 것은 아편 때문이다. 이에 황제께서 아편을 금지하는 법을 내렸더니 <u>이 전쟁</u>이 일어났다.

① 홍건적이 일으킨 전쟁이에요.
② 비단길을 개척하는 계기가 되었어요.
③ 청나라와 일본 사이에 벌어진 전쟁이에요.
④ 청나라의 항구를 영국에 개방하는 계기가 되었어요.

03 다음 인물과 관련된 운동에 대한 설명으로 알맞지 <u>않은</u> 것은 무엇일까? ( )

이름: 홍수전
생몰년도: 1814년~1864년
국적: 청나라
한 일: 태평천국을 세워 왕이 됨.

① 평등사상을 내세웠어요.
② 증국번과 이홍장이 참여했어요.
③ 강남 지방 대부분을 차지했어요.
④ 농민과 노동자들의 지지를 받았어요.

✓ 2017 대학수학능력시험 변형

04 밑줄 친 '개혁'의 내용으로 알맞지 <u>않은</u> 것은 무엇일까? ( )

중국의 근대화를 위한 노력	
태평천국 운동의 진압에 큰 공을 세운 증국번, 이홍장 등의 관리들은 나라의 발전을 목표로	서양의 기술을 받아들이는 <u>개혁</u>을 추진했다. (…) 그러나 이러한 <u>개혁</u>은 중국이 청일 전쟁에서 지면서 한계를 드러냈다.

① 서양식 의회와 헌법을 만들었어요.
② 군사 학교를 세워 군인을 길러냈어요.
③ 미국과 프랑스로 유학생들을 보냈어요.
④ 서양 무기를 만드는 무기 공장을 세웠어요.

05 다음 중 선생님의 질문에 대한 학생의 답변으로 가장 알맞은 것은 무엇일까? ( )

> 일본은 개혁에 나선 지 30년도 안 되어 전쟁에서 승리해 우리의 땅이었던 타이완을 가져갔다. (…)

"이 자료는 캉유웨이가 이끈 개혁의 근거가 되었어요. 이 개혁에 대해 말해 볼까요?"

① 임칙서가 참여했어요.
② 청나라를 무너뜨리자고 했어요.
③ 청일 전쟁이 일어나는 계기가 되었어요.
④ 서태후 등 보수 세력의 반대로 실패했어요.

✓ 시험에 잘 나와!
06 ㉠과 ㉡에 들어갈 내용으로 알맞은 것을 바르게 짝지은 것은 무엇일까? ( )

나 ㉠ 은 중국 동맹회를 만들어 혁명을 일으키려고 했어요. 나는 민족, 민권, 민생을 내세우며 ㉡ 를 주장했어요.

	㉠	㉡
①	쑨원	사회주의
②	쑨원	삼민주의
③	위안스카이	사회주의
④	위안스카이	삼민주의

07 (가)에 들어갈 내용으로 알맞은 것은 무엇일까? ( )

- **배경**: 청나라 정부가 민간 철도를 뺏음.
- **과정**: 1911년 전국 각지에서 봉기가 일어나 혁명군이 난징을 포함한 강남 지역을 차지.

① 신해혁명
② 양무운동
③ 산업 혁명
④ 프랑스 혁명

08 (가)에 들어갈 신문 제목으로 알맞은 것은 무엇일까? ( )

세계사 신문

쑨원이 공화국을 세웠다. 쑨원은 공화국의 임시 총통이 되어 나라를 다스릴 것으로 보인다. 한편 청나라 정부는 난징에 위안스카이가 이끄는 군대를 보내 혁명군을 막아내겠다고 말했다.

① 양무운동을 일으키다!
② 중화민국이 세워지다!
③ 태평천국이 세워지다!
④ 변법자강 운동을 일으키다!

태평천국의 내분

태평천국은 가난한 농민과 노동자들의 지지를 받으며 중국 강남 지역을 차지했어. 하지만 그 지도부들은 하느님의 신내림을 받았다느니 하는 믿기 어려운 말들을 했지. 결국 홍수전은 자신의 권위를 위협하는 다른 지도자들을 제거하기로 했고, 이 과정에서 수만 명이 희생되었어. 결국 태평천국은 새로운 나라로 나아가지 못하고, 청나라에 진압되고 말았지.

• 중화민국이 탄생하다

3 일본이 아시아 최강국이 되다

1854년	1868년	1876년	1894년	1904년
일본의 개항	메이지 유신 시작	강화도 조약	청일 전쟁	러일 전쟁

일본에 찾아온 평화, 에도 막부

일본은 임진왜란 이후 도쿠가와 이에야스가 에도(도쿄) 막부를 세워 평화의 시대를 맞이했어.

"저수지를 만들어 가뭄에 대비하라! 바다를 메꿔 새로 농사지을 땅을 늘리도록 하라!"

에도 막부의 적극적인 장려로 농사지을 수 있는 땅이 늘어나고 덩달아 쌀 생산량도 증가했지. 사람들이 먹고살 만해지자 시장에 팔기 위한 상품 작물을 재배하기 시작했어. 채소, 차, 목화솜 등을 팔아 부자가 되는 농민들도 생겨났지.

"나도 돈 좀 벌고 싶은데 어떤 물건을 팔면 좋을까?"

"차나 면화를 재배해 영주님 성 주변에서 팔아 보는 건 어떤가?"

사람들은 영주의 성 주변에서 물건을 팔기 시작했어. 그렇게 시장이 점점 커지고 도시가 성장하기 시작했지. 도시에는 조닌이라 불리는 상공업자들이 많은 돈을 벌기도 했어. 부유한 조닌들은 여가 시간을 즐기기 위해 춤, 연극, 그림 등 문화를 즐겼지. 이를 조닌 문화라고 해.

경제가 성장하면서 인구도 점차 늘어났어. 에도 막부가 들어선 지 100여 년이 지났을 무렵 에도의 인구는 무려 100만 명에 달했다고 해. 이는 당시 런던, 파리 등 세계적인 대도시와 어깨를 나란히 할 정도였어!

에도 막부는 오래도록 평화를 지키고 싶었어. 그래서 나라의 문을 꽁꽁 닫고 외부와의 접촉을 최대한 피하려고 했지. 다른 나라와 교역할 때는 외국인들을 철저히 감시했어. 상인들의 무역도 막부가 정한 항구에서만 할 수 있도록 했단다.

▲ 19세기 데지마섬의 모습

"각 나라별로 정해진 곳에서만 무역을 하도록 하라!"

조선은 쓰시마섬, 청나라는 나가사키에서만 교역을 했어. 한편 막부는 나가사키에 '데지마'라는 인공섬을 만들었는데, 이곳은 네덜란드와 무역을 하기 위해 만든 곳이었어. 서양과의 교역을 완전히 끊기는 어려웠지만, 서양인들을 철저히 감시하기 위해 특정 지역에서만 교역을 한 거야. 네덜란드 상인들이 들여온 서양의 물건과 의학, 천문학 등 다양한 지식과 학문들로 서양에 대한 정보를 조금씩 얻을 수 있었지.

문을 꼭꼭 걸어 잠근 덕분에 에도 막부는 평화로운 시기를 보낼 수 있었지만, 국제 사회에서 우물 안 개구리 신세가 되는 것은 피할 수 없었어. 서구 열강이 산업 혁명 이후 어떤 변화를 겪었는지 소문만 들었지 자세하게는 알지 못했거든. 그런 일본에도 어느덧 제국주의의 그림자가 다가오고 있었지.

용선생의 한 줄 정리

에도 막부 시대에 일본은 평화를 누렸지만, 외국과의 교역을 제한하여 외국의 정세에 어두웠어.

미국에서 온 검은 배

나라의 문을 꼭꼭 걸어 잠근 에도 막부였지만, 청나라가 아편 전쟁에서 영국에 참패했다는 소식은 전해 들을 수 있었어. 막부는 서양의 군사력에 대해 걱정하기 시작했지. 19세기 중반, 걱정하던 일이 현실로 벌어졌어!

"저기 멀리 보이는 크고 검은 배는 뭐지?"

"저렇게 기분 나쁘게 연기를 내뿜는 배는 처음 보는군."

에도 앞바다에 낯선 모양의 검은 배가 나타나자 사람들은 동요하기 시작했지. 검은 배의 정체는 바로 미국의 군함이었어. 군함을 이끈 미국의 페리 제독은 이렇게 말했지.

"일본은 항구를 열고 미국과 무역을 실시하라. 그렇지 않으면 전쟁을 치르게 될 것이다!"

페리 제독의 강압적인 요구에 에도 막부는 고민에 빠졌어. 전쟁을 피하기 위해서는 미국의 요구를 받아들여야 했지. 하지만 막부의 생각과 달리, 개항에 반대하는 사람들도 많았거든. 이들은 서양 세력이 사회를 혼란하게 만들 것이라며 개항에 반대했어.

그렇게 나라 안에서 다투며 답변이 늦어지자, 페리 제독은 더 많은 군함을 끌고 에도 앞바다에 나타났어.

"아무래도 말로 해서는 안 되겠군! 따끔한 맛을 봐야겠지?"

미국의 군함이 에도 앞바다에서 연신 대포를 쏴 대자, 막부는 어쩔 수 없이 개항을 선택했어. 미국과 전쟁을 할 수는 없다고 판단한 거야. 그렇게 에도 막부는 미국과 조

매슈 페리
(1794년~1858년)
미국의 군인이야. 일본에 개항을 요구하고, 불평등 조약을 맺게 했지.

• 일본이 아시아 최강국이 되다

▲ 페리의 내항

약을 맺게 되었단다. 이 조약에서 에도 막부는 2개의 항구를 열고 미국과 무역할 것을 약속했지. 드디어 일본이 개항하고 외국과 교류를 시작하는 순간이었어(1854년).

미국은 2개의 항구를 연 것에 만족하지 않았지. 다시 조약을 맺어 4개의 항구를 추가로 열고, 미국의 수출품에 대한 세금도 일본이 마음대로 정하지 못하게 했어. 심지어 죄를 저지른 미국인을 일본 법이 아닌 미국 법에 따라 재판받게끔 했지. 불평등한 조약임에도 불구하고 군대를 앞세운 미국의 협박에 에도 막부는 미국의 요구를 들어줄 수밖에 없었어.

"미국이 일본의 문을 열었다고? 우리도 질 수 없지!"

미국과의 조약 체결 이후 영국, 러시아, 프랑스 등 다른 서양 열강도 달려들어 에도 막부와 조약을 맺었어. 일본도 청나라처럼 여러 나라에 항구를 열고 열강의 먹잇감이 될 위기에 놓이고 말았지.

일본의 개항 도시

나라의 문을 연 덕분에 에도 막부는 외국과의 전쟁은 피할 수 있었어. 하지만 국내에서는 심상치 않은 분위기가 퍼지고 있었지. 서양 세력에 굴복한 막부를 비난하는 목소리가 곳곳에서 터져 나오기 시작한 거야.

용선생의 한 줄 정리
일본이 미국의 페리 제독에 의해 강제로 개항했어.

일본을 서양식으로! 메이지 유신

미국과의 조약 체결 이후, 에도 막부에 불만을 갖는 사람들이 점점 늘어났어. 일부 영주들은 더 이상 막부의 쇼군이 아닌 천황이 직접 정치를 이끌어야 한다고 생각했지. 그리고 천황을 중심으로 힘을 합쳐 서양 세력을 몰아내야 한다고 주장했어. 이들은 에도 막부와 서양 세력 둘 모두에게 반감을 가졌던 거야.

그러던 어느 날, 조슈 지역의 영주가 지나가던 외국 배를 공격하는 일이 벌어졌어.

"저기 서양 오랑캐의 배가 지나간다! 공격하라!"

그러자 미국, 영국, 프랑스, 러시아는 연합군을 결성해 조슈 지역 일대를 쑥대밭으로 만들었지. 이 사건 이후 서양을 오랑캐라 부르며 싫어했던 사람들도 그들의 뛰어난 무기와 압도적인 군사력을 인정하지 않을 수 없었어.

"서양을 오랑캐라고 무시만 해서는 안 되겠군. 배울 건 배워야겠어!"

그날부터 조슈를 포함한 여러 지역의 영주들은 서양 세력과 적극적으로 교류하며 그들의 무기를 수입하고 기술을 배웠어. 그러나 에도 막부에 대한 반감은 여전히 강했지.

"쇼군은 하루빨리 권력을 천황께 돌려드리고 물러나라!"

에도 막부에 대항하는 세력이 점점 커지자, 막부도 가만히 있지 않았어. 막부는 군대를 보내 이들을 공격하려고 했지.

에도 막부의 쇼군은 자신을 따르는 영주들을 모아 전쟁을 준비했어. 조슈 지역을 비롯한 반막부 세력도 서양식 무기로 무장한 채 전쟁에 대비했지.

결국, 교토에서 막부와 반막부 세력간의 운명을 건 전쟁이 벌어졌어. 막부는 많은 수의 병력을 앞세워 교토로 진격했지. 반막부 세력은 병력은 적었지만, 서양식 무기와 전술로 조금씩 막부군을 격파해 나갔어.

"영국에서 들여온 신형 소총 맛이 어떠냐!"

"프랑스산 대포 맛 좀 봐라!"

쾅! 쾅! 상황이 불리해지자, 쇼군을 따르던 지방의 영주들도 하나둘 배신하면서 막부 세력은 갈수록 약해졌어. 1년 동안 전쟁을 치른 끝에 에도 막부는 완전히 무너지고 새 정부가 들어섰지.

반막부 세력이 이끄는 새 정부는 메이지 천황을 중심으로 낡은 일본을 개혁해 나가기 시작했어. 수백 년간 나랏일에서는 물러나 있던 천황이 일본 정치에 다시 등장한 거야. 1868년, 일본에서 사회 전체를 바꾸는 개혁이 진행되었는데, 이를 **메이지 유신**이라고 해. 메이지 유신을 통해 일본은 나라를 서양식으로 바꿔 나갔지.

곽두기의 용어 사전

유신
낡은 제도를 고쳐서 새롭게 한다는 말이야.

 **용선생의 한 줄 정리**
서양의 기술을 적극적으로 받아들인 반막부 세력이 막부를 무너뜨리고, 천황을 중심으로 메이지 유신을 일으켰어.

대정봉환

'대정'은 천황이 막부에 부여한, 나라를 다스릴 권리를 말해. '대정봉환'은 그 권리를 천황에게 되돌려준다는 뜻이지. 에도 막부의 마지막 쇼군 도쿠가와 요시노부가 권력을 천황에게 다시 넘기면서 에도 막부는 공식적으로 해체되었단다.

▲ 〈대정봉환도〉
쇼군인 도쿠가와 요시노부가 권력을 넘기는 의식을 그린 그림이야.

메이지 유신으로 새롭게 태어난 일본

메이지 유신은 일본의 정치뿐 아니라 사람들의 일상생활까지 완전히 다른 모습으로 바꿔 나갔어. 새 정부는 에도 막부의 흔적들을 하나둘 지워 갔지.

"지금부터 에도를 도쿄라 하고 수도로 삼겠습니다."

새 정부는 가장 먼저 에도를 수도로 삼고, 이름을 도쿄로 바꿨어. 그리고 지방을 여러 개의 구역으로 나누고 이를 '현'이라고 불렀지. 현은 지방의 영주가 아니라 나라에서 임명한 관리가 다스렸어.

메이지 정부는 에도 시대 내내 존재했던 신분 제도도 손을 봤지. 에도 막부는 귀족과 평민 신분을 엄격하게 구분해 왔어. 신분에 따라 직업을 선택해야 했고, 심지어 결혼을 할 때도 신분의 제한이 있었지.

그런데 메이지 유신이 진행되면서 모든 사람이 평민 신분을 갖고, 결혼이나 직업 선택도 자유롭게 할 수 있게 되었어. 신분제가 사라진 거야.

메이지 정부는 서양식으로 나라를 바꾸기 위해서는 서양의 모습을 직접 보는 것이 중요하다고 생각했어.

"서양에 사절단을 보내 그들의 문화를 배워 오도록 합시다!"

그렇게 구성된 사절단이 바로 이와쿠라 사절단이었어. 사절단의 대표 이름이 이와쿠라였기 때문에 붙은 이름이었지. 이와쿠라 사절단은 미국을 시작으로 유럽 곳곳을 다니며 다양한 문화를 경험했어.

▼ **이와쿠라 사절단**
사절단에 참여한 인물들은 메이지 유신의 주요 세력이었어. 오른쪽에서 두 번째 인물이 바로 우리나라를 침략하는 데 앞장섰던 이토 히로부미야.

"세상은 넓고, 일본은 우물 안 개구리였구나!"

이들은 하루라도 빨리 서양의 문화와 기술을 받아들여야 한다고 생각했어. 일본으로 돌아온 사절단은 자신들의 경험을 바탕으로 메이지 유신을 이어 나갔지. 그 결과 일본은 서양식 교육을 본받아 소학교(초등학교), 중학교, 대학교 등을 새롭게 만들었단다.

"머리부터 발끝까지 서양식으로 바꿔야 하오. 내가 먼저 모범을 보이리다."

천황은 몸소 나서 머리를 짧게 자르고 서양 사람처럼 양복에 구두를 신었지. 그러자 칼을 차고 다니던 무사들이 사라지고, 사람들은 점점 서양식으로 변하기 시작했어.

이전에는 볼 수 없었던 빵과 커피를 먹는 사람들도 늘어났지. 주로 채식을 하던 일본인들이 고기를 많이 먹기 시작한 것도 이때부터야. 또 사람들은 새로 만든 기차를 타고 다녔어. 도시 곳곳에 전기가 들어오고 밤에도 가로등이 환하게 길을 밝혔지. 메이지 유신은 말 그대로 정치, 사회, 문화 등 일본의 모든 것을 바꿔 놓았단다.

▲ 돈가스
주로 채식을 하던 일본 사람들의 고기에 대한 거부감을 줄이는 과정에서 돈가스가 탄생했어.

용선생의 한 줄 정리
일본은 메이지 유신을 통해 나라의 모든 것을 서양식으로 바꿔 나갔지.

◀ 메이지 유신으로 바뀐 일본 도쿄의 풍경

청일 전쟁의 승리로 아시아 최강국이 되다

"일본도 슬슬 식민지를 만들 때가 온 것 같습니다."
"그렇습니다. 어디를 공략하면 좋을까요?"

메이지 정부는 자신들이 서구 열강에 당한 것처럼 다른 나라를 침략할 계획을 세웠어. 침략의 첫 번째 목표가 된 것은 다름 아닌 조선이었지.

당시 세계는 제국주의 국가가 되어 식민지를 거느리거나, 아니면 그들의 식민지가 되는 상황이었어. 그 사실을 알았던 일본도 제국주의 국가가 되어 식민지를 거느릴 궁리를 한 거지.

"아직 조선은 서양 세력의 손이 닿지 않았으니 하루빨리 일본이 차지해야 합니다."

일본은 1870년대에 들어서 본격적으로 조선 공략에 나섰어. 신식 무기로 무장한 군함 운요호가 조선의 바닷가를 기웃거렸지. 운요호는 해안을 탐색한다는 핑계로 서해안을 따라 강화도까지 올라갔어. 강화도를 지키는 조선 군대가 운요호를 공격하자, 운요호도 맞대응하며 포를 쏴대고는 돌아갔지.

"조선이 운요호를 공격한 걸 빌미로 조약을 체결하면 되겠군!"

일본은 미국에 당한 그대로 조선을 공략해 나갔어. 괜히 시비를 걸고, 군사력으로 압박해 강제로 개항하게 하는 방법이었지. 1876년, 결국 운요호 사건을 핑계로 두 나라가 조약을 맺게 되었는데, 이것이 바로 **강화도 조약**이야.

세계사 속 한국사

조선의 개항

일본이 강압적으로 조약을 체결한 것이긴 하지만, 강화도 조약 이전에 조선에서도 개항을 주장하는 목소리가 있었어. 이때 일본의 압박이 있었던 거야. 물론 조선이 원한 방식은 아니었지만, 개항이 당시에 거스를 수 없는 대세였던 것은 확실하다고 볼 수 있어.

▲ 운요호

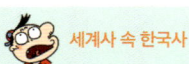

세계사 속 한국사

동학 농민 운동

1894년 동학 농민 운동이 일어나자 조선 정부는 청나라에 군대를 요청했어. 외국 군대가 들어오자 이들의 침략을 경계한 농민군은 정부와 화의를 맺고 지방으로 내려갔지. 그런데도 일본군이 돌아가지 않자 다시 일어나 일본군에 맞섰지만 기관총을 앞세운 일본군에 패하고 말았단다.

"미국에 당한 걸 그대로 조선에 써먹어야지!"

일본은 미국이 자신들에게 했던 것을 그대로 따라 조약 내용을 작성했지. 무역에서 유리한 조건이나 조선에서 죄를 지은 일본인을 자신들이 재판할 권리 같은 것들 말이야.

강화도 조약 이후, 일본은 조선에서 자신들의 영향력을 높여 나갔어. 하지만 조선을 식민지로 삼는 데는 청나라라는 큰 걸림돌이 있었지. 청나라는 오랫동안 조선과 교류했다는 사실을 들어 조선의 주인 행세를 하려 했거든. 아편 전쟁으로 이빨 빠진 호랑이가 되었다지만 청나라는 동아시아를 호령한 대국이었기 때문에 섣불리 싸우기는 힘들었지. 일본은 호시탐탐 기회를 엿보며 때를 기다렸어. 그러던 어느 날 기회가 찾아왔지.

조선에서 동학 농민 운동이 벌어지자, 이를 진압하기 위해 고종은 청나라에 구원병을 요청했어.

"청나라가 조선에 병력을 보냈으니 우리도 군대를 준비하라!"

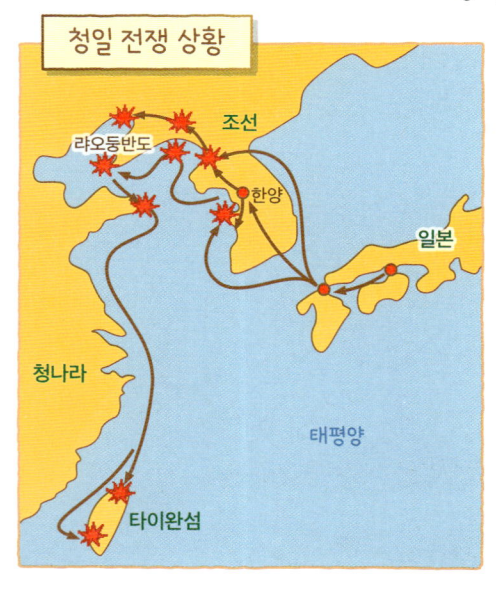

청나라가 군대를 보내자 이에 질세라 일본도 조선에 병력을 보내 청나라와 일본이 조선에서 맞닥뜨리게 된 거야.

동학 농민 운동은 곧 잠잠해졌지만, 일본군은 돌아갈 생각을 하지 않았어. 애초에 일본은 청나라와의 전쟁을 벌일 생각이었거든. 일본군은 경복궁을 점령하고 청나라 함대를 기습 공격해 **청일 전쟁**을 일으켰어(1894년).

양무운동의 청나라와 메이지 유신의 일본! 사람들은 두 나라 모두 서양식 무기를 갖추었으니 승부를 알 수 없다고 생각했지. 하지만 막상 전쟁이 시작되자 일본군의 연전연승이었어.

결국 청나라는 항복을 선언할 수밖에 없었어. 청나라의 양무운동에 대한 일본 메이지 유신의 완벽한 승리였지. 이제 일본이 동아시아 최강국으로 올라선 거야.

청일 전쟁의 승리로 메이지 정부는 더욱 자신감을 가졌어. 일본은 청나라로부터 전쟁 배상금을 받아내 산업화에 박차를 가했지. 덕분에 일본의 산업은 더욱 빠른 속도로 성장해 나갔어.

용선생의 한 줄 정리
일본은 조선을 침략하면서 청나라와 전쟁을 일으켜 승리를 거두었어.

▶ 시모노세키 조약을 체결하는 청나라와 일본
청일 전쟁 이후 청나라는 일본과 굴욕적인 내용의 조약을 맺었어.

세계적인 열강의 자리에 오른 일본

"전쟁에서 승리했으니 배상금은 물론, 청나라의 영토도 얻어 냅시다!"

청일 전쟁에서 승리한 일본은 청나라와 조약을 맺고 배상금은 물론 많은 이권을 챙기려고 했어. 조약에는 타이완섬, 랴오둥반도 등의 영토를 빼앗는 내용도 포함되어 있었지. 하지만 일본이 원하는 대로 조약이 실현되지는 못했어. 그 이유는 바로 러시아 때문이었지.

"일본은 청나라에 눈독을 들이지 마시오. 순순히 따르지 않으면 뜨거운 맛을 보게 될 거요."

러시아는 프랑스, 독일을 끌어들여 일본을 압박했어. 일본이 뺏으려던 땅은 이미 유럽 나라들이 눈독을 들이고 있었거든. 결국, 일본은 랴오둥반도를 청나라에 돌려줄 수밖에 없었지. 당시 일본이 유럽 국가인 러시아에 맞서기에는 역부족이었기 때문이야. 세 나라가 끼어든 이 사건을 **삼국 간섭**이라고 한단다. 삼국 간섭으로 일본은 엄청난 굴욕을 맛보게 되었어.

"러시아에 당한 이 치욕을 반드시 갚아 주리라."

삼국 간섭 이후 일본은 러시아에 복수할 날만을 기다리며 이를 갈았어.

세력을 확장해 나가던 러시아가 만주 땅에 군대를 주둔하자, 러시아와 일본의 긴장감은 더욱 높아졌어. 일본은 자신들의 대륙 침략을 훼방 놓은 러시아를 가만히 둘 수 없었지.

독일과 프랑스는 사이가 안 좋은 거 아닌가요?

맞아. 그런데 손을 잡을 수밖에 없는 이유가 있었단다. 일본과 직접적으로 충돌할 가능성이 큰 러시아가 삼국 간섭에 가장 앞장섰어. 여기에 독일이 일본을 막고 청나라로부터 이권을 받아 낼 생각으로 참여했지. 그러자 프랑스는 독일과 러시아가 서로 친하게 지내면서 자신들을 따돌릴까 걱정이 됐어. 그래서 프랑스까지 참여하게 된 거야.

그런데 일본만큼이나 심기가 불편한 나라가 있었어. 그건 바로 영국이었지. 영국은 당시 전 세계를 무대로 러시아와 대립하고 있었거든. 영국은 아시아에서 가장 강한 일본과 힘을 합치면 러시아에 맞서 싸울 수 있을 거라 생각했어.

"영국과 일본은 서로 군사적 도움을 줄 것을 약속합니다."

러시아의 만주 침략으로 영국과 일본은 동맹을 맺었지. 이제 일본은 결전의 준비를 마쳤어. 영국이라는 든든한 아군을 얻은 일본은 1904년 러시아에 전쟁을 선포했어. **러일 전쟁**이 일어난 거야!

일본은 랴오둥반도의 러시아 군대를 격파하고 곧이어 만주로 진격했어. 다급해진 러시아는 유럽에 있던 주력 함대를 동아시아로 이동시켰어. 그런데 이때 영국이 동맹국인 일본을 도왔지. 영국의 손아귀에 있던 수에즈 운하를 닫아 버린 거야.

러시아 함대는 어쩔 수 없이 아프리카를 돌아 인도양을 거쳐 일본 앞바다에 도착했어. 지구 한 바퀴에 조금 못 미치는 37,000킬로미터를 항해했다고 해! 지칠 대로 지친 러시아 함대는 일본군에 제대로 힘도 써 보지 못하고 패하고 말았지. 그렇게 러일 전쟁은 일본의 승리로 끝을 맺었어.

"이제 조선은 완전히 일본의 손에 넘어왔소."

러일 전쟁의 승리로 일본은 조선을 식민지로 만들었어. 청나라와 러시아, 거대한 두 나라를 이긴 일본은 두려울 게

없었단다. 이제 세계 여러 나라들도 일본을 세계적인 열강으로 인정하게 되었지.

"조선을 차지했으니 다음은 대륙 진출이다!"

조선을 식민지로 삼은 일본은 대륙으로 나아가기 시작했어. 바로 만주와 중국 본토를 침략하기 시작한 거지.

 **용선생의 한 줄 정리**
러일 전쟁의 승리로 일본은 세계적인 열강의 자리에 올랐어.

교과서에 나오는 중요한 내용을 정리했어!

수재의 **세계사** 노트

일본의 개항	에도 막부의 대외 교류	① 쓰시마섬, 나가사키 등 정해진 항구에서만 교류 ② 미국의 페리 제독이 군함을 앞세워 개항을 강요 → 미국과 불평등 조약을 맺으며 개항(1854년)
일본의 근대화	메이지 정부 수립	① 반막부 세력이 에도 막부를 몰아내고 메이지 천황을 중심으로 하는 **메이지 정부 수립** ② 메이지 정부가 근대적 개혁인 **메이지 유신** (1868년)
	메이지 정부의 개혁	① 에도로 수도를 옮긴 뒤, **도쿄**로 이름을 바꿈 ② 지방에 현을 설치하고, 신분제를 폐지 ③ 서양에 **이와쿠라 사절단**을 파견하고, 서양의 문화와 기술을 받아들임
일본의 침략	조선 침략과 청일 전쟁	① 운요호 사건을 일으켜 조선과 **강화도 조약**을 맺음 (1876년) ② 조선을 두고 청나라와 대립하다 **청일 전쟁**을 일으켜 승리(1894년)
	러일 전쟁	① 일본이 조선과 만주를 두고 러시아와 대립 ② 일본이 영국과 동맹을 맺어 **러일 전쟁**에서 승리 (1904년) ③ 일본이 조선을 식민지로 삼고 중국 본토를 침략

세계사 능력 시험

01 다음 중 밑줄 친 '막부'에 대한 설명으로 알맞은 것은 무엇일까? ( )

> ○○에게
> 나는 요즘 일본에 머물고 있소. 우리는 이곳의 막부가 네덜란드와 교류하기 위해 세운 나가사키의 데지마에서만 교역을 하고 있소. 이들은 우리를 철저하게 감시하고 있다오.

① 명예혁명이 일어났어요.
② 임진왜란을 일으켰어요.
③ 세포이의 항쟁이 일어났어요.
④ 정해진 항구에서만 무역하게 했어요.

 시험에 잘 나와!

02 밑줄 친 '조약'에 대한 설명으로 알맞은 것은 무엇일까? ( )

> 에도 막부가 지난번 미국의 페리 함대에 굴복해 조약을 맺은 데 이어 또 한 번 미국과 새로운 조약을 체결했습니다.

① 미국에 열었던 항구를 닫았어요.
② 미국과 맺은 불평등한 조약이에요.
③ 일본이 마음대로 세금을 정할 수 있었어요.
④ 미국인을 일본법에 따라 처벌할 수 있었어요.

03 다음 중 (가)에 들어갈 내용으로 알맞은 것은 무엇일까? ( )

> 〔 (가) 〕 🔍
> 19세기 후반, 반막부 세력이 에도 막부를 무너뜨리고 새 정부를 세운 뒤 실시한 개혁을 말해요. 새 정부는 이 개혁을 통해 일본을 근대화시켰어요.

① 탄지마트
② 양무운동
③ 메이지 유신
④ 변법자강 운동

 2020 대학수학능력시험 변형

04 밑줄 친 '정책'에 대한 설명으로 알맞지 <u>않은</u> 것은 무엇일까? ( )

> ○○에게
> 여기는 에도, 아니 도쿄(東京)야. 도쿄로 이름이 바뀐 지 5년이 지났는데도 익숙하지 않네. 나는 우리나라가 처음으로 개통한 철도를 타고 있어. 철도 건설은 현 정부가 펼치는 정책 중 하나래. 앞으로 새 정책으로 세상이 크게 변할 것 같아.

① 신분제를 폐지했어요.
② 무적함대를 만들었어요.
③ 지방에 현을 설치했어요.
④ 이와쿠라 사절단을 파견했어요.

05 (가)에 들어갈 내용으로 알맞은 것은 무엇일까?
( )

① 신해혁명을 찾아보자.
② 아편 전쟁을 살펴보자.
③ 운요호 사건을 알아보자.
④ 임진왜란의 배경을 파악해 보자.

06 다음 질문에 알맞지 <u>않은</u> 답변을 한 사람은 누구일까? ( )

청일 전쟁에 대해 알려 주세요.
└ 하다 조선에서 일본과 청나라가 벌인 전쟁이에요.
└ 영심 일본은 조선과 연합해 청나라에 맞서 싸웠어요.
└ 선애 일본은 청나라와의 전쟁에서 크게 승리했어요.
└ 두기 일본은 청나라로부터 받은 전쟁 배상금을 바탕으로 산업을 발전시켰어요.

① 하다   ② 영심   ③ 선애   ④ 두기

07 (가)에 들어갈 내용으로 알맞은 것은 무엇일까?
( )

① 양무운동
② 삼국 간섭
③ 운요호 사건
④ 태평천국 운동

08 ㉠ 전쟁에 대한 설명으로 알맞은 것은 무엇일까?
( )

① 영국이 러시아 편을 들어주었어요.
② 일본이 랴오둥반도를 청나라에 돌려줬어요.
③ 이 전쟁 이후 조선은 일본의 식민지가 되었어요.
④ 일본은 전쟁에서 승리한 대가로 러시아 땅을 모두 차지했어요.

공포의 신센구미

개항 이후 일본은 에도 막부를 유지하려는 막부파와 막부에 반대하는 반막부파의 대결이 펼쳐졌어. 신센구미는 막부파에 고용된 무사들이었지. 메이지 유신으로 막부파가 패배하고 신센구미도 해체되었지만, 여전히 일본에서는 애니메이션이나 영화 등에서 인기 있는 주제라고 해. 무사들이 마지막으로 빛났던 시기로 기억한다고 하는구나.

4 제1차 세계 대전의 소용돌이 속에서

전운이 감도는 유럽

19세기에서 20세기로 세기가 바뀌는 동안 유럽 열강의 식민지 쟁탈전은 계속되고 있었어. 정작 자신들에게 다가올 어마어마한 전쟁은 꿈에도 모른 채로 말이지.

19세기 유럽은 강력한 해군을 앞세운 영국이 식민지 경쟁에서 앞서가고, 다른 나라들이 영국을 쫓아가는 모양새였어. 하지만 20세기에 들어설 무렵 무서운 속도로 영국을 따라잡는 나라가 있었지. 바로 독일이었어.

19세기 후반, 독일은 강대국 프랑스를 꺾으며 유럽 전체를 뒤흔들었어. 독일을 이끌었던 비스마르크는 유럽에서 어떻게든 프랑스를 고립시키려고 했지.

"프랑스는 반드시 독일에 복수하려고 할 것이다. 그러니 프랑스를 꽁꽁 묶어 두자!"

나폴레옹의 프랑스군에게 당한 적이 있는 독일은 행여나 프랑스가 그때처럼 공격해 오진 않을까 경계했어. 비스마르크는 탁월한 외교력을 발휘해 같은 게르만족 국가였던 오스트리아와 동맹을 맺어 프랑스를 견제했지. 나중에는 이탈리아도 이 동맹에 참여했어. 당시 사람들은 이 동맹을 **3국 동맹**이라고 불렀단다.

동맹을 통해 성공적으로 프랑스를 고립시킨 비스마르크는 생각했어.

"프랑스는 꽁꽁 묶였고, 독일은 나날이 강해지고 있군! 지금 상태 그대로 평화가 유지되는 것이 좋겠어."

빌헬름 2세
(1859년~1941년)
독일 제국의 황제였어. 군대를 키우고 식민지를 넓혀 독일을 세계 최고 강대국으로 만들고 싶어 했지.

비스마르크는 식민지 쟁탈전에도 참여하지 않고, 유럽에서 최대한 전쟁이나 혼란이 발생하지 않도록 노력을 기울였지. 덕분에 유럽 내에서는 평화가 유지되었어.

하지만 비스마르크가 물러나고 상황이 180도 바뀌었어. 비스마르크와 달리 황제 빌헬름 2세는 독일이 유럽 전체를 집어삼키기를 원했지. 전쟁을 무릅쓰고서라도 말이야. 빌헬름 2세는 영국에 맞설 수 있는 강력한 독일을 만들고 싶었어.

"독일은 더 강해질 것이다! 적극적으로 식민지를 개척하자!"

빌헬름 2세는 독일의 팽창을 위한 첫 단추로 해군을 강하게 만들었어. 영국의 해군력을 따라잡기 위해 군함을 마구 생산하기 시작했지. 그러자 영국도 이에 질세라 군함을 만드는 일에 박차를 가했고, 두 나라 사이에는 팽팽한 긴장감이 맴돌았어.

빌헬름 2세는 3국 동맹을 통해 프랑스도 더욱 거세게 압박했지. 프랑스가 차지하고 있던 식민지에 독일이 군함을 보내 두 나라가 전쟁 직전까지 가기도 했어. 독일의 압박이 갈수록 거세지자 프랑스도 탈출구를 찾아야만 했지.

"3국 동맹에 맞서기 위해 우리와 손을 잡는 게 어떻겠소?"

"좋소이다, 함께 독일에 맞서 싸웁시다!"

프랑스와 손을 잡은 나라는 다름 아닌 러시아였어. 러시아도 3국 동맹에 위협을 느끼고 있었거든. 프랑스는 곧이어 영국과도 동맹을 맺었지. 수백 년간 유럽의 최대 적수였던 두 나라가 동맹을 맺었다는 사실에 전 세계가 놀랐지.

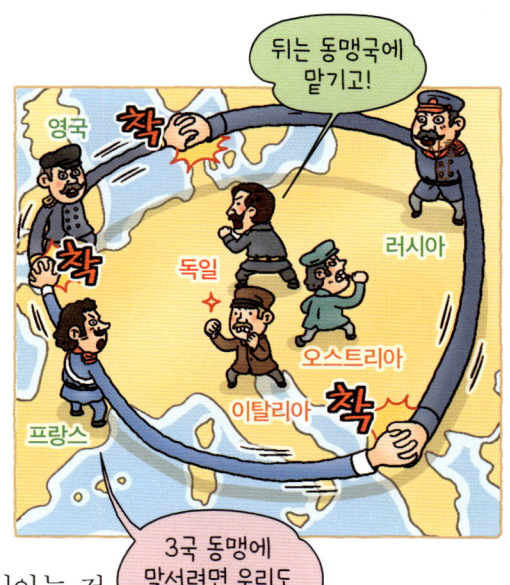

이제 남은 것은 영국과 러시아의 동맹이었어. 영국과 러시아는 전 세계 곳곳에서 식민지 쟁탈전을 벌이던 사이였지. 하지만 독일이 유럽은 물론 아시아, 아프리카에서도 공격적으로 세력을 넓히자, 원수처럼 지내던 영국과 러시아까지 동맹을 맺었어. 이로써 영국, 프랑스, 러시아로 이루어진 **3국 협상**이 완성되었지(1907년).

결국, 유럽이 두 진영으로 나뉘면서 긴장감은 더욱 고조됐어. 이제 전쟁이 난다면 두 나라 사이의 문제로 끝나는 게 아니라, 여러 나라가 전쟁에 휘말리게 되는 상황이었지.

"3국 동맹과 3국 협상이라니. 큰 전쟁이라도 벌어지겠어."

20세기 초 유럽은 금세라도 전쟁이 일어날 것처럼 아슬아슬했어. 민족, 종교, 국가 등 복잡하게 얽힌 갈등은 터지기 직전이었고, 작은 불씨만으로도 유럽 전체가 전쟁에 휩싸일 상황이었지.

 질문 있어요!

영국은 러시아와 앙숙이었잖아요?

영국과 러시아가 동맹을 맺은 게 1907년인데, 불과 3년 전인 1904년 러일 전쟁에서 영국은 동맹국인 일본을 도왔어. 영국이 수에즈 운하를 막는 바람에 유럽에 있던 러시아 함대가 아프리카를 돌아 동해까지 와야 했지. 영국과 러시아는 이렇게 앙숙 사이였지만, 독일의 위협에 동맹을 맺을 수밖에 없게 되었던 거야.

 **용선생의 한 줄 정리**
20세기 초 유럽은 독일의 세력이 팽창하면서 긴장감이 커졌어.

제1차 세계 대전이 일어나다

갈등은 발칸반도에서 터졌어. 발칸반도는 슬라브족, 게르만족을 비롯한 여러 민족과 가톨릭, 정교회, 이슬람교 등 여러 종교가 뒤섞인 지역이야. 특히 러시아, 세르비아 등 슬라브족 국가와 독일, 오스트리아가 중심인 게르만족 국가 간의 열띤 신경전이 발칸반도에서 벌어졌지.

"모든 슬라브족은 힘을 합쳐 외세를 물리치자!"

"게르만족이 지배하는 세상을 만들자!"

1914년 사건이 터지고야 말았어. 오스트리아의 황태자가 사라예보라는 도시에 방문했어. 오스트리아와 세르비아 사이에 있는 사라예보는 예전부터 두 나라가 서로 차지하겠다며 싸우던 곳이었지. 그때, 몇 발의 총성이 울렸어.

탕! 탕! 오스트리아의 황태자가 피를 흘리며 쓰러진 거야. 총을 쏜 사람은 세르비아의 젊은 청년이었지. 오스트리아를 싫어하던 세르비아의 청년이 황태자를 암살한 것이었어.

"오스트리아는 세르비아에 전쟁을 선포한다!"

사라예보 사건으로 결국 오스트리아는 세르비아에 전쟁을 선포했어. 제1차 세계 대전은 이렇게 시작되었지.

오스트리아의 선전 포고로 시작된 전쟁은 러시아의 참전으로 불이 붙기 시작했어. 슬라브족을 보호하겠다는 명분으로 러시아가 나선 거야.

"게르만족으로부터 세르비아를 보호하자!"

동맹국과 연합국

제1차 세계 대전의 양편을 동맹국과 연합국(또는 협상국)이라고 해. 독일을 중심으로 뭉친 국가들을 동맹국, 영국과 프랑스 편에 선 국가들을 연합국이라고 해. 3국 동맹과 3국 협상의 갈등이 주요 원인이 되었기 때문에 그렇게 부른단다.

제1차 세계 대전에 참가한 나라

러시아의 참전 소식이 전해지자, 이번에는 게르만족의 대장 국가를 자처하는 독일이 러시아에 선전 포고했지. 곧이어 러시아와 삼국 협상을 맺은 영국, 프랑스도 독일과의 전쟁을 선포했어.

두 진영은 전쟁에서 이기기 위해 주변의 다른 나라까지 끌어들였어. 전쟁이 끝나면 영토를 나눠 주겠다거나, 식민지 나라들을 독립시켜 주겠다고 약속하면서 말이야. 이 과정에서 이탈리아는 3국 동맹에서 나와 연합국 편에 섰어. 그 외 오스만 제국, 불가리아, 그리스 등 여러 나라가 하나둘 전쟁에 참여했지.

독일은 전쟁을 속전속결로 끝낼 계획을 세우고 있었어.

"프랑스를 최대한 빠르게 정복하고, 러시아를 공격하면 승산이 있겠어!"

하지만 독일의 계획은 보기 좋게 빗나가고 말았어. 영국의 지원을 받은 프랑스가 생각보다 독일의 공격을 잘 막아냈거든. 전쟁이 길어지자 독일군은 철조망을 치고 **참호**를 파기 시작했어. 이에 질세라 영국·프랑스 연합군도 참호를 만들었지. 그렇게 양측 군대는 서로 오도 가도 못한 채 오랫동안 대치하기만 했지.

전쟁이 시작될 때만 하더라도 사람들은 전쟁이 빨리 끝날 거라고 생각했어. 서로 자기편이 이길 거라고 생각하면서 승리 후에 전리품을 챙길 달콤한 상상에 취해 있었지.

하지만 이들의 상상은 현실이 되지 못했어. 참호전이 시작되면서 전쟁은 계속 길어졌지. 전쟁이 길어지면서 셀 수 없이 많은 사람이 죽거나 다쳤어. 참호 안에는 쓰러진 병사들, 비가 와서 고인 물과 들끓는 쥐들로 차마 눈 뜨고 볼 수 없는 광경이 펼쳐졌지.

질문 있어요!

이탈리아는 왜 갑자기 연합국 편에 섰나요?

이탈리아는 독일, 오스트리아와 함께 3국 동맹을 맺은 사이였어. 하지만 연합국과 비밀 협상을 통해 과거에 오스트리아에 빼앗겼던 영토를 넘겨받기로 한 뒤 연합국 편을 들었지.

곽두기의 용어 사전

참호
적의 공격을 막고 몸을 숨기기 위해 땅에 판 구덩이를 말해.

▲ 참호전

▲ 독가스 공격에 대비해 방독면을 쓴 채 기관총을 쏘는 병사들

신무기의 개발은 더 많은 희생을 낳았어. 새롭게 등장한 기관총 앞에 병사들은 낙엽처럼 쓰러졌지. 바다에는 무기를 장착한 군함들이 상대편을 향해 무자비하게 대포를 쏴 댔어. 참호를 무너뜨리기 위한 무기로 탱크가 발명되기도 했단다. 또 화학 무기인 독가스가 사용되면서 수많은 군인이 삽시간에 목숨을 잃었지.

전쟁이 계속되자, 군인들만이 아닌 모든 국민과 자원을 전쟁에 동원하는 **총력전**이 이루어졌어. 전쟁터에 나가지 못한 노인과 여성, 어린이들도 공장에서 총알을 만들거나 음식을 나르는 등 전쟁에 힘을 보탰지.

그럼에도 전쟁은 좀처럼 끝날 기미가 보이지 않았어. 세계적인 강대국으로 성장한 미국이 참전하기 전까지는 말이야.

> **용선생의 한 줄 정리**
> 유럽의 여러 나라가 참여한 제1차 세계 대전이 일어나 많은 사람이 목숨을 잃었어.

전쟁의 결과와 베르사유 체제

미국은 남북 전쟁이 끝난 이후 빠른 속도로 발전을 거듭하고 있었어. 특히 철강, 기계 등 제조업 기술이 발전하면서 경제적으로 엄청나게 성장했지. 제1차 세계 대전이 벌어질 무렵 미국은 영국과 더불어 세계 최고의 경제력을 갖고 있었어.

유럽에서 치열한 전쟁이 벌어졌을 때, 미국은 가만히 상황을 지켜보며 **중립**을 유지하고 있었어. 중립을 유지하던 미국을 전쟁에 끌어들인 것은 다름 아닌 독일의 **무제한 잠수함 작전**이었지. 독일은 바다 건너 영국을 봉쇄하고자 잠수함을 이용해 영국으로 향하는 배들을 공격했어.

그런데 독일의 마구잡이 공격에 100여 명의 미국인이 타고 있던 배가 침몰해 버린 거야. 이 사건을 계기로 미국은 독일에 선전 포고하고 전쟁에 뛰어들었어. 미국의 참전 이후 오스트리아와 오스만 제

 곽두기의 용어 사전

중립
어느 한쪽에 치우치지 않고 중간 입장에 서는 걸 말해. 그래서 나라 사이의 다툼이나 전쟁에 끼어들지 않고, 중간 입장을 지키는 나라를 중립국이라고 하는 거야.

제1차 세계 대전 전개 과정

전쟁 시작!

무제한 잠수함 작전

미국 참전

독일 항복

국 등 독일 편에 섰던 나라들이 하나둘 항복하기 시작했지. 전쟁이 시작된 지 4년만에 결국 독일도 백기를 들 수밖에 없었단다(1918년).

제1차 세계 대전은 사망자만 2천만 명에 달한 전쟁이었어. 이전의 그 어떤 전쟁과 비교도 안 될 만큼 큰 규모의 전쟁이었지. 말 그대로 '세계 대전'이었던 거야.

"세계의 평화를 위한 14개의 원칙을 제안하고자 합니다!"

전쟁이 끝날 무렵 미국의 대통령 윌슨은 전후 처리를 위해 **14개조 평화 원칙**을 발표했어. 여기에는 '각 민족의 일은 스스로 결정한다'는 민족 자결주의의 원칙도 담겨 있었지. 민족 자결주의는 식민지 상황에 있는 나라들이 독립운동을 펼치는 데에도 많은 영향을 주었단다.

반면 영국과 프랑스는 평화보다도 독일의 전쟁 책임을 묻는 일에 더 관심이 많았어. 전쟁이 끝난 직후 참전국들은 전쟁을 수습하기 위해 베르사유 궁전에 모여서 조약을 맺었지. 이 조약에서 영국과 프랑스는 독일에 엄청난 금액의 배상금을 지불할 것을 명령했어. 또 독일은 **베르사유 조약**으로 인해 해외 식민지는 물론 많은 영토를 빼앗겼단다.

이런 전쟁이 다시 일어나지 않게 국제 기구를 만들자는 의견이 나왔어. 이렇게 **국제 연맹**이 창설되었지. 하지만 국제 연맹은 강대국인 미국과 소련이 참여하지 않은 데다, 따로 군대를 가지고 있지도 않았어. 그래서 분쟁이 발생했을 때 사실상 그것을 말릴 수 있는 힘이 없었단다.

용선생의 한 줄 정리
미국이 참전하면서 연합국의 승리로 제1차 세계 대전이 막을 내렸어.

러시아에서 사회주의 혁명이 일어나다

3국 협상국이자 제1차 세계 대전의 핵심 국가 가운데 하나인 러시아는 전쟁 중에 중립을 선언하고 전쟁에서 빠져 버렸어. 그 이유는 나라가 뒤집힐 만한 큰 사건을 겪었기 때문이지. 바로 세계 최초의 사회주의 혁명이 일어난 것이었어.

19세기 후반, 러시아에서도 산업화가 진행되면서 공장이 생기고 노동자의 수가 늘어났어. 이와 함께 사회주의 사상이 농민과 노동자, 그리고 지식인들 사이에 퍼지기 시작했지. 사회주의 사상가들은 여전히 황제를 중심으로 돌아가던 러시아의 현실을 비판했어.

"러시아도 서유럽처럼 의회가 정치를 이끌어야 합니다!"

가난한 농민과 노동자들은 사회주의 사상에 빠져들었고, 러시아에서 사회주의는 빠른 속도로 퍼져 나갔어.

한편 계속되는 전쟁으로 러시아 농민과 노동자들의 삶은 갈수록 피폐해졌어. 그러면서 점차 러시아가 제1차 세계 대전에서 빠져야 한다는 주장이 힘을 얻기 시작했지. 하지만 황제는 국민들의 목소리를 무시했고, 결국 노동자와 농민을 중심으로 시위가 일어났어.

"국민을 외면하는 황제는 물러나라! 당장 전쟁을 멈춰라!"

황제는 시위 진압을 명령했지만, 군대의 병사들은 농민, 노동자와 같은 마음이었지. 결국 군인들도 혁명에 가담해 러시아 제국이 무너지게 되었어. 이를 2월에 일어난 혁명이라고 하여 **2월 혁명**(1917년)이라고 부른단다.

> **세계사 더 읽기**
>
> **2월 혁명? 3월 혁명?**
>
> 당시 러시아가 쓰던 달력과 지금 우리가 쓰는 달력은 차이가 있어. 그래서 2월 혁명과 10월 혁명을 3월 혁명과 11월 혁명으로 부르기도 해. 이름만 다를 뿐 같은 혁명이란다.

레닌
(1870년~1924년)
러시아의 혁명가야. 러시아 공산당을 만들고 러시아 혁명을 이끌었지. 사회주의 사상 발전에 큰 역할을 했어.

2월 혁명 이후 병사와 노동자들은 소비에트라는 기구를 만들었어. '평의회'라는 뜻의 소비에트는 병사, 노동자 대표가 모여 회의를 하고 정치를 이끄는 기구였지. 소비에트의 지지를 받아 새로 만들어진 임시 정부는 개혁을 통해 러시아의 문제를 조금씩 고쳐 나갔어.

그러나 임시 정부의 개혁에 노동자들은 만족하지 못했지. 여전히 러시아는 전쟁 중이었고, 사람들의 삶은 크게 달라지지 않았거든.

임시 정부에 대한 사람들의 불만은 점점 쌓여 갔어. 결국 같은 해 10월에는 다시 혁명이 일어났어. 이 혁명을 **10월 혁명**(1917년)이라고 부르지. **레닌**이 임시 정부를 무너뜨리기 위한 혁명을 일으킨 거야.

"즉각 전쟁을 멈추자! 농민에게 토지를! 농민과 노동자에 권력을!"

레닌의 연설에 열광한 병사, 농민, 노동자들은 무기를 들고 임시 정부를 공격했어. 치열한 내전 끝에 레닌은 임시 정부를 무너뜨렸지. 세계 최초로 사회주의 혁명이 성공한 순간이었어! 레닌이 이끄는 공산당은 권력을 장악하고 제1차 세계 대전에서 빠지기로 결정했지. 그리고 나라의 이름을 **소비에트 연방(소련)**으로 바꿨단다. 이후 세계사에 큰 영향을 준 소련의 등장이었지!

▲ 광장에서 연설하는 레닌

용선생의 한 줄 정리

2월 혁명으로 러시아 제국이 무너지고, 10월 혁명으로 소련이 탄생했어.

동아시아의 민족 운동

유럽을 중심으로 제1차 세계 대전이 벌어지는 동안 동아시아에서는 일본이 중국을 야금야금 갉아먹고 있었어. 전쟁이 끝나자 중국인들은 내심 기대를 했지.

"일본과 열강들에 빼앗긴 땅을 돌려받을 수 있지 않을까?"

중국은 민족 자결주의에 따라 일본의 간섭에서 벗어날 수 있지 않을까 기대한 거야. 하지만 중국인들의 기대는 곧 좌절로 바뀌었어. 베르사유 조약은 철저히 승전국의 편을 들어줬거든. 영국과 동맹국이었던 일본은 승전국이었기 때문에 중국의 목소리는 무시당할 수밖에 없었지.

"이대로 무력하게 있을 수는 없다! 들고 일어나자!"

중국인들의 좌절은 곧 분노로 이어졌어. 때마침 식민지 조선에서 3·1 운동이 벌어졌다는 소식이 중국에 전해졌어. 그러자 중국인들도 일본에 맞서야 한다는 이야기가 나왔지. 1919년 5월 4일, 수도인 베이징에서 대학생들을 중심으로 시위가 벌어졌지. 시민들도 학생들을 따라 거리에 나와 시위에 참여했지.

"일본 제국주의는 중국에서 물러가라!"

시위는 점차 물결을 타고 전국적으로 퍼져 나갔어. 학생들은 학교에 가지 않고, 상인들은 가게 문을 열지 않으며 자신들만의 저항을 이어 나갔지. 5·4 운동은 중국인에게 국민들이 하나로 뭉치면 그 힘이 강력하다는 것을 일깨워 주었어. 그리고 하루라도

▼ 5·4 운동
중국 사람들이 톈안먼 광장 앞에 모여 일본의 요구를 받아들인 사람들을 처벌하라고 소리치고 있어.

장제스
(1887년~1975년)
쑨원의 뒤를 이어 중국 국민당을 이끈 정치가야. 중국 공산당과 대립하다 타이완섬으로 근거지를 옮기고 중화민국을 이어 갔어.

빨리 일본을 중국에서 몰아내야 한다는 생각을 갖게 만들었지.

"국민당과 공산당은 손을 잡고 일본에 맞설 것을 선언합니다!"

러시아 혁명 이후 중국에도 공산당이 생겼고, 많은 농민과 노동자가 공산당에 가입했지. 5·4 운동을 지켜본 쑨원은 일본에 맞서기 위해 중국 공산당과 손을 잡기로 결심한 거야. 그렇게 국민당과 공산당은 함께 시위를 열고 노동자들의 파업을 도와주며 일본에 맞섰어.

하지만 국민당과 공산당이 손을 잡고 얼마 지나지 않아 쑨원은 병으로 세상을 떠나고 말았어. 쑨원의 뒤를 이어 국민당을 이끌게 된 **장제스**는 쑨원과 달리 공산당을 경계했지. 장제스는 일본뿐만 아니라 공산당도 중국에 큰 위협이 될 거라고 생각했어. 그래서 공산당을 공격하기 시작했지.

중국에서 국민당과 공산당이 다투고 있는 사이 일본은 더욱 거세게 중국을 침략했어. 1930년이 되자 일본은 만주를 점령해 버렸지. 그리고는 중국 본토에 대한 공격을 이어 갔어.

용선생의 한 줄 정리
제1차 세계 대전 이후 중국에서 항일 운동이 전개됐지만, 일본의 공격은 더욱 거세졌어.

인도의 간디가 영국에 맞서다

우리나라에서 3·1 운동, 중국에서 5·4 운동이 일어났다는 소식은 다른 나라의 독립운동에도 영향을 주었어. 서아시아, 동남아시아 등 아시아 대륙 전체에서 식민 지배에 맞서는 독립운동이 일어났지.

그 가운데는 영국의 식민지였던 인도도 있었어. 인도는 영국을 도와 제1차 세계 대전에 참여했지. 전쟁을 도와주면 인도를 독립시켜 주겠다고 영국이 약속했기 때문이야. 전쟁으로 발등에 불이 떨어진 영국 입장에서는 인도의 막대한 인구와 자원이 꼭 필요했거든.

하지만 전쟁이 끝나자, 영국은 말을 바꿨어. 약속을 지키기는커녕 오히려 전보다 더 심하게 인도인을 탄압했지. 영국의 태도에 인도 국민들은 분노를 감출 수 없었어. 인도 국민들은 곳곳에서 폭동을 일으키며 영국에 저항하기 시작했단다.

"인도에서 러시아처럼 혁명이 일어나는 것은 막아야 해. 더 강하게 억눌러야겠어!"

인도 사람들의 폭동이 심해지자 영국은 인도인을 언제든지 체포하거나 감옥에 가둘 수 있도록 새로운 법을 만들었어. 인도인들의 손발을 꽁꽁 묶기 위한 것이었지.

분노한 인도인들에게 **간디**는 이렇게 말했어.

"영국의 명령에 따르지 맙시다. 그리고 어떠한 경우에도 폭력을 써서는 안 됩니다."

간디는 영국의 지배에 '불복종'하지만, 폭력에 맞서기 위해서 폭력을 써서는 안 된다고 주장했어. 그는 종교적 신념에 따라 폭력이 아닌 인내하고 사랑하는 '비폭력'을 실천해야 한다고 생각했지.

마하트마 간디
(1869년~1948년)
인도의 독립운동가야. 영국의 식민 지배에 저항하는 비폭력·불복종 운동을 펼쳤지.

▲ 간디의 소금 행진

간디는 다양한 방식의 **비폭력·불복종 운동**을 벌였어. 사람들에게 영국 상품을 구매하지 말자며 손수 물레로 옷을 만들어 입기도 했지.

또, 영국에 세금을 내지 않는 방법으로 영국에 저항하는 모습을 보여줬어. 영국은 소금에 왕창 세금을 매기는 법을 만든 적이 있었어. 그러자 간디는 소금을 얻기 위해 직접 수백 킬로미터 떨어진 바닷가까지 걸어서 행진함으로써 사람들에게 평화로운 투쟁 방식을 몸소 보여줬지.

간디에 감명을 받은 인도 사람들은 똘똘 뭉쳐 독립운동을 펼쳐 나갔어. 간디의 명성은 세계적으로도 널리 퍼졌지. 그 결과 영국은 인도의 각 주의 자치를 허용해 줄 수밖에 없었어. 완전한 독립까지는 아직 더 많은 노력이 필요했지만, 자치권을 획득한 것은 간디와 인도 국민들의 노력이 빛을 보는 순간이었지.

용선생의 한 줄 정리

인도의 간디는 비폭력·불복종 운동으로 영국의 식민 지배에 맞섰어.

교과서에 나오는 중요한 내용을 정리했어!

수재의 세계사 노트

제1차 세계 대전	제1차 세계 대전의 배경	① 독일이 오스트리아, 이탈리아와 함께 3국 동맹을 결성 ② 3국 동맹에 맞서 프랑스, 러시아, 영국이 3국 협상을 결성
	제1차 세계 대전의 전개	① 사라예보 사건을 계기로 제1차 세계 대전이 발발 (1914년) ② 독일이 무제한 잠수함 작전을 펼치자 미국이 전쟁에 참여 ③ 독일의 항복으로 전쟁 종결(1918년)
	제1차 세계 대전의 결과	① 영국, 프랑스 등 승전국은 베르사유 조약을 맺어 독일에 막대한 배상금을 물리고, 식민지와 영토를 뺏음 ② 평화를 위해 국제 기구인 국제 연맹을 만듦
러시아 혁명	러시아 혁명의 과정	① 러시아에 사회주의가 빠르게 퍼져 나감 ② 노동자, 병사들이 2월 혁명을 일으켜 러시아 제국을 무너뜨림 ③ 레닌이 10월 혁명을 일으켜 사회주의 정부인 소비에트 연방(소련)을 수립(1917년)
아시아의 민족 운동	중국의 민족 운동	① 베이징의 대학생들이 5·4 운동을 일으킴(1919년) ② 국민당과 공산당이 연합해 일본에 맞서 싸움
	인도의 민족 운동	① 간디가 영국의 명령을 따르지 않는 비폭력·불복종 운동을 전개 ② 영국으로부터 각 주의 자치권을 인정받음

세계사 능력 시험

✓ 시험에 잘 나와!

01 (가)와 (나)에 들어갈 세력을 바르게 짝지은 것은 무엇일까? (   )

	(가)	(나)
①	3국 동맹	3국 협상
②	3국 동맹	삼국 간섭
③	삼국 간섭	3국 협상
④	삼국 간섭	3국 동맹

02 다음 사건의 결과로 알맞은 것은 무엇일까? (   )

세계사 신문

[속보] 오스트리아 황태자, 총격으로 사망

오스트리아 황태자가 세르비아 청년이 쏜 총에 맞아 사망했다. 이날 오스트리아 황태자는 군사 훈련을 보기 위해 사라예보를 방문했다 사고를 당한 것으로 보인다.

① 일본이 개항했어요.
② 대륙 봉쇄령이 내려졌어요.
③ 제1차 세계 대전이 일어났어요.
④ 레닌이 사회주의 혁명을 일으켰어요.

03 독일이 실시한 다음 작전에 대한 설명으로 알맞은 것은 무엇일까? (   )

① 중립국인 스위스의 배를 공격했어요.
② 3국 협상이 맺어지는 계기가 되었어요.
③ 사라예보 사건이 일어나는 계기가 되었어요.
④ 미국이 연합국으로 참전하는 계기가 되었어요.

04 다음 중 빈칸에 들어갈 내용으로 알맞지 <u>않은</u> 것은 무엇일까? (   )

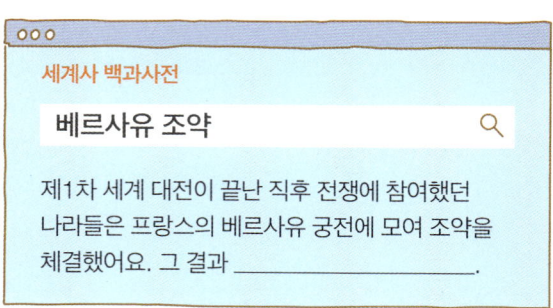

① 독일의 승리를 인정했어요.
② 독일은 해외 식민지를 빼앗겼어요.
③ 독일은 자신들의 영토를 빼앗겼어요.
④ 독일은 영국, 프랑스에 많은 배상금을 지불해야 했어요.

05 ㉠에 들어갈 기구로 알맞은 것은 무엇일까?
( )

① 소비에트　　② 국제 연맹
③ 3국 동맹　　④ 삼부회

06 빈칸에 들어갈 내용으로 알맞은 것은 무엇일까?
( )

러시아 혁명

러시아 제국의 붕괴 → ? → 소비에트 연방의 수립

① 철혈 정책을 추진한 비스마르크
② 무적함대를 격파한 엘리자베스 1세
③ 상트페테르부르크를 건설한 표트르 대제
④ 혁명을 일으켜 임시 정부를 무너뜨린 레닌

07 빈칸에 들어갈 내용으로 알맞은 것은 무엇일까?
( )

> 1919년, 중국의 대학생들은 베이징에서 5·4운동을 일으켰어요. 이 일을 계기로 쑨원은 국민당을 세운 뒤 _____.

① 공산당과 힘을 합쳤어요.
② 세계 대전을 일으켰어요.
③ 공산당과 내전을 벌였어요.
④ 소비에트 연방을 이끌었어요.

08 밑줄 친 '이 인물'로 알맞은 것은 무엇일까? ( )

| 역사 속 오늘 |
소금 행진이 시작되다!

1930년 오늘, 이 인물은 소금을 얻기 위한 행진에 나섰어요. 행진은 당시 인도를 지배하던 영국이 소금법을 만들자 이에 반대해 벌어졌지요. 이 인물은 24일간 약 390킬로미터를 걸으며 영국에 대한 저항 운동을 벌였다고 해요.

① 간디　② 레닌　③ 쑨원　④ 장제스

전쟁의 또 다른 지옥

제1차 세계 대전에선 본격적으로 참호전이 펼쳐졌어. 하지만 참호 안은 또 다른 지옥이었지. 겨울에는 흙탕물에 발이 어는 동상에 걸려 다리를 잘라야 하는 병사들도 있었어. 위생 상태도 끔찍해서 전염병이 한번 돌면 총으로 죽는 사람보다 병으로 죽는 사람이 더 많다고 할 정도였단다. 새로운 무기들이 나오면서 전쟁이 더욱 참혹한 모습이 된 거지.

03
제2차 세계 대전과 오늘날의 세계

교과 연계

초등학교 사회 6-2 1. 세계 여러 나라의 자연과 문화
초등학교 사회 6-2 2. 통일 한국의 미래와 지구촌의 평화
중학교 역사 ① Ⅴ. 세계 대전과 사회 변동
　　　　　　　 Ⅵ. 현대 세계의 전개와 과제

1. 호황과 불황, 계속되는 위기
2. 또다시 일어난 세계 대전
3. 냉전으로 국제 사회가 얼어붙다
4. 현대 사회의 세계 질서

1 호황과 불황, 계속되는 위기

1922년 이탈리아에서 무솔리니가 권력을 잡음

1929년 대공황 발생

1931년 미국, 후버 댐 공사 시작

1933년 히틀러, 총통이 되어 독재 정치 시작

1935년 독일, 베르사유 조약 파기

세계 최강국이 된 미국

제1차 세계 대전은 유럽을 아수라장으로 만들었어. 유럽의 여러 나라는 당장 피해를 복구할 돈이 없어 쩔쩔맸지. 영국과 프랑스는 바다 너머 미국에 외상으로 무기를 사느라 큰 빚을 진 상태였어. 반면 큰돈을 벌어들인 미국은 1920년대에 엄청난 호황을 누리게 되었지.

미국은 전쟁이 끝난 뒤에 유럽의 경제 회복을 위해 필요한 물건들을 수출했어. 유럽이 안정을 되찾아야 빌려준 돈을 받을 수 있을 테니까 말이야. 수출도 하고 빌려준 돈도 빨리 받을 수 있으니, 미국으로서는 꿩 먹고 알 먹기였지.

"바쁘다 바빠! 우리 공장에 오면 월급을 두 배로 준다고 하시오!"

미국의 공장들은 쉴 새 없이 돌아갔어. 사람을 뽑고 또 뽑아도 항상 일손이 부족했지. 미국과 유럽 전역에서 감당하기 어려울 정도로 많은 주문이 몰려들었거든.

미국의 사업가들은 이 기회를 놓치고 싶지 않았어. 더 빨리 더 많은 물건을 만들 방법이 없을까 고민했지.

"우리도 포드 자동차처럼 대량 생산 방식을 생각해 봐야겠어!"

포드 자동차 공장은 자동차를 대량으로 생산해서 다른 자동차들의 반도 안 되는 싼 가격에 자동차를 팔아 큰 인기를 끌었거든. 덕분에 포드는 자동차의 왕이라고 불릴 정도였지. 여러 사람이 일을 나누어 자신이 맡은 부

곽두기의 용어 사전

외상
돈을 나중에 내기로 하고 물건을 사고파는 일을 말해.

호황
경제 상황이 좋은 상태를 말해. 반대말은 불황이야.

▲ 1910년대 포드 자동차 공장의 모습

분만 능숙하게 처리하는 **대량 생산 방식**은 다른 산업 분야에도 퍼져 나갔어.

"물건을 빨리 만들 수 있다더니, 정말이었군!"

미국의 사업가들은 너나 할 것 없이 포드의 방법을 적용했어. 그리고 크게 성공했지. 통조림부터 최신 전자 제품까지 다양한 물건들이 공장에서 쏟아져 나왔어. 그만큼 미국 사람들은 다양한 물건들을 싼값에 살 수 있게 되었고 말이야.

"라디오며 세탁기며 최신형으로 싹 바꿨어. 그리 비싸지 않던걸?"

미국 사람들의 삶은 점점 더 윤택해졌어. 평범한 가정집에서도 세탁기, 진공청소기, 냉장고 같은 값비싼 전자 제품들을 흔히 볼 수 있게 되었지. 우리가 지금도 쓰고 있는 물건들을 미국에서는 거의 100년 전부터 쓰기 시작한 거야.

"일자리도 많고 월급도 오르는데 아낄 필요가 있어?"

사람들은 가지고 싶은 게 있다면 서슴지 않고 빚을 냈어. 은행들도 적극적으로 돈을 빌려주었고 말이야. 성공에 힘입은 사업가들이 더 큰 공장을 짓고, 더 많은 사람들을 고용하고 있었거든. 사업가도, 노동자도 앞으로 더 많은 돈을 벌게 되리라 확신했어.

"주말에 야구를 보러 갈까? 아니면 영화를 보러 갈까?"

생활에 여유가 생긴 사람들은 여가를 즐겼어. 특히 야구장과 영화관이 북적였지. 덕분에 메이저 리그와 같은 스포츠 산업과 할리우드의 영화 산업도 크게 발전했어.

"우리가 짓는 이 빌딩이 세계에서 가장 높은 건물이 될 거요!"

유래 없는 경제 호황에 도시도 눈에 띄게 화려해졌어. 곳곳에 70층이 넘는 초고층 건물이 들어섰지.

베이브 루스
(1895년~1948년)
야구 역사상 최고의 스타로서, 야구가 지금과 같은 인기 스포츠가 되는 데 큰 역할을 했어. 1920년에 '뉴욕 양키스'로 팀을 옮기면서 엄청난 기록을 쌓았지.

"신사 숙녀 여러분, 오늘의 파티를 시작하겠습니다!"
도시의 불빛은 늦은 밤에도 환하게 빛났어. 사람들은 유행하는 옷을 입고 흥겨운 음악에 맞춰 춤을 추었지.

미래를 걱정하는 사람은 아무도 없었어. 바다 건너 유럽의 경제도 빠르게 회복되고 있으니, 더욱 풍요로운 세상에서 살게 될 거라는 환상에 부풀어 있었지.

용선생의 한 줄 정리
제1차 세계 대전이 끝난 1920년대에 미국이 엄청난 호황을 누렸어.

▶ 엠파이어 스테이트 빌딩 (미국 뉴욕)
뉴욕의 고층 빌딩을 상징하는 건물이야. 1931년에 완공되었는데, 이후 40년 가까이 세계에서 가장 높은 건물이었어.

전 세계를 뒤덮은 경제 위기, 대공황!

미국의 기업들은 경제 호황 덕분에 많은 상품을 팔아 큰 이익을 남겼어. 그러자 미국 주식 시장도 뜨겁게 달아올랐어. 어마어마한 돈이 몰렸고, 주식 가격은 끝없이 치솟았지. 그걸 본 사람들은 점점 더 많은 돈을 주식에 투자했고 말이야.

빚을 내서 주식에 투자하는 사람도 흔했어. 은행들도 주식 투자라면 흔쾌히 돈을 빌려주었지. 경제 호황이 계속될 테니, 주식으로 손해 볼 일은 없을 거라고 생각한 거야.

그런데 사실 미국 경제는 서서히 불황을 향해 가고 있었어. 대량 생산 방식 덕분에 생산은 엄청나게 늘어났는데, 소비는 그만큼 늘어나지 않았거든. 냉장고나 자동차 같은 제품을 매년 사지는 않으니까 말이야.

팔리지 않는 물건은 점점 창고에 쌓이기 시작했어. 큰돈을 쏟아부어 만든 제품을 팔지 못하니, 기업들은 돈을 벌기는커녕 잃고 있었지. 하지만 한껏 달아오른 주식 시장의 열기는 꺼질 줄을 몰랐어. 1929년 10월 24일 목요일이 오기 전까지는 말이야.

"이렇게 갑자기 망하다니…."

문제의 목요일, 주식 시장은 폭삭 주저앉고 말았어. 경제 호황의 단꿈에 취해 있던 사람들에게는 마른하늘에 날벼락과 같았지. 어찌나 암담했는지, 이 날을 '**검은 목요일**'이라고 부를 정도였어.

주식이 폭락하면서 돈줄이 마른 기업들이 쫄딱 망해 문을 닫았어. 무수히 많은 사람이 일자리를 잃었지. 미국 사람 네 명 중 한 명이 실업자일 정도로 문제가 심각했어.

▲ 대공황 초기 모습
은행에 맡긴 돈을 찾으려고 많은 사람이 몰려들었어.

　불황은 점점 심해졌어. 벌이가 없어진 사람들이 소비를 줄였거든. 물건을 팔지 못한 기업들은 임금을 깎고 사람들을 해고했지. 결국 더 많은 사람이 지갑을 닫았고, 그만큼 기업들의 사정도 훨씬 나빠졌어.

　미국에서 불붙은 경제 위기는 곧 전 세계로 번져 나갔어. 미국 경제에 의존하던 유럽 여러 나라도 영향을 받을 수밖에 없었지. 불황에 빠진 미국이 유럽에 빌려주던 돈을 뚝 끊어 버린 거야.

　"아이고, 이러다 우리 유럽까지 망하게 생겼어요!"

　미국의 불황은 곧 유럽과 전 세계의 불황으로 이어졌어. 세계적으로 많은 기업이 문을 닫았고, 거리마다 실업자가 넘쳐나게 되었지. 전 세계에 불어닥친 이 경제 위기를 **대공황**이라고 해.

용선생의 한 줄 정리
미국을 시작으로 대공황이 일어나 전 세계가 불황에 빠졌어.

대공황을 탈출하라! 미국의 뉴딜 정책

갑작스러운 대공황에 전 세계 국가들이 큰 곤경에 빠졌어. 각국의 정부도 발만 동동 구르고 있을 뿐이었지.

당시 사람들은 정부가 경제에 간섭하지 말아야 경제가 발전한다고 생각했어. 경제는 기업과 소비자의 거래만으로도 잘 돌아가는데, 정부가 개입하면 경제 질서가 망가진다는 거지.

하지만 시간이 지나도 경제는 저절로 나아지지 않았어. 점점 더 많은 사람이 극심한 가난에 허덕이게 될 뿐이었지.

이때 영국의 경제학자 케인스가 새로운 이론을 제시했어.

"정부가 적극적으로 개입해야 경제가 살아납니다!"

경제를 가만히 둘 게 아니라, 정부가 적극적으로 나서서 돈을 써야 불황에서 벗어날 수 있다는 거야. 그는 정부가 사람들에게 일자리를 만들어 줘야 한다고 했어. 그러면 사람들이 임금을 받게 되지. 사람들이 돈을 벌면 시장에서 물건을 살 테고, 시장에서 물건이 팔리면 기업들도 돈을 벌 수 있다는 거지. 그리고 기업들 사정이 나아지면 더 많은 사람을 고용할 수 있을 테고 말이야.

"이게 바로 미국이 선택할 새로운 정책이다!"

미국의 루스벨트 대통령은 정부가 적극적으로 경제에 개입하는 정책을 만들어 실행에 옮겼지. 이 정책을 **뉴딜 정책**이라고 해.

"전국 방방곡곡에 댐과 다리, 도로를 지으시오!"

루스벨트는 큰 공사를 벌였어. 도시와 도시를 잇는 거대한 다리와 도로를 만들고, 전기를 공급할 수 있는 거대한 댐을 지었지. 특히 댐은 여러모로 쓸모가 많았어. 공사 규모가 커서 건설하는 데 많은 사

존 메이너드 케인스
(1883년~1946년)
정부가 경제 문제에 적극적으로 개입해야 한다고 주장했어. 현재 우리나라를 비롯한 대부분의 자본주의 국가의 경제 정책은 케인스의 이론을 어느 정도 반영하고 있지.

프랭클린 루스벨트
(1882년~1945년)
미국의 대통령이야. 루스벨트는 정부가 나라 경제에 적극적으로 나서야 한다며 뉴딜 정책을 펼쳤어. 제2차 세계 대전 당시 미국의 참전을 결정한 대통령이기도 하지.

람을 고용할 수 있었거든. 그리고 건설 후에는 공장과 집에서 아낌없이 사용할 수 있을 만큼 충분한 전기를 만들 수 있었어. 가뭄이 와도 논밭에 물을 보낼 수 있어 농작물 생산량도 크게 늘었지.

덕분에 실업에 시달리던 수백만 명의 사람들이 일자리를 얻을 수 있었어.

"월급 받은 기념으로 쇼핑도 하고 외식도 해야지!"

사람들이 돈을 벌기 시작하자 시장도 활기를 되찾았어. 가게에 쌓여만 있던 물건들이 팔려 나갔지. 그러자 기업들도 하나둘 공장 문을 열고 일할 사람을 고용했어.

뉴딜 정책 덕분에 미국 경제는 조금씩 회복세에 접어들었어. 뉴딜 정책이 효과를 보자 다른 나라 정부들도 곧 적극적으로 경제에 개입하기 시작했지. 얼마 전까지만 해도 정부 개입이 경제를 망칠 거라고 생각했지만, 경제 성장을 위해 정부가 때때로 개입할 수밖에 없다는 걸 인정한 거야.

 질문 있어요!

'그린 뉴딜'이라는 말을 봤어요.

뉴딜 정책 이후 정부의 경제 정책에 '뉴딜'이라는 말을 많이 쓰고 있어. '그린 뉴딜'은 환경을 뜻하는 '그린'과 정부의 적극적인 경제 정책을 뜻하는 '뉴딜'을 합친 말이지. 정부가 친환경 에너지 사업 등에 투자해서, 양질의 일자리를 만들어 내는 정책을 말해.

 **용선생의 한 줄 정리**
미국은 정부가 적극적으로 경제에 개입하는 뉴딜 정책을 펼쳐 조금씩 경제가 회복되었어.

▲ 후버 댐
뉴딜 정책을 대표하는 댐이야. 당시 세계 최대 규모의 발전소였지.

이탈리아에서 파시즘이 등장하다

이탈리아는 승전국인데, 왜 혼란스러웠나요?

이탈리아는 독일, 오스트리아와 함께 3국 동맹을 맺었지만 전쟁에 참여하지 않고 있다가 땅을 얻는 조건으로 연합국 편에 섰어. 하지만 전쟁이 끝나고 그 땅을 얻어 내지 못하자 사람들의 불만이 폭발했지.

유럽의 많은 나라들은 제1차 세계 대전이 끝난 뒤에도 가시밭길을 걷고 있었어. 전쟁으로 많은 사람이 죽고, 국토는 폐허가 되었거든. 사회 분위기도 혼란스러웠어. 이탈리아도 그런 나라 중 하나였지.

"무능한 정부는 반성하라! 승전국 대우를 받아 내라!"

이탈리아 사람들은 제1차 세계 대전의 승전국인 이탈리아가 원하던 땅을 얻어 내지 못했다는 데 큰 불만을 가지고 있었어. 이게 다 정부가 무능해서 생긴 일이라며 분노했지. 이탈리아에서는 매일 같이 시위가 끊이지 않았어.

그런데 오히려 이런 시위를 비판하는 사람들도 있었어. 개인이 어느 정도 희생하더라도 사회 질서가 유지되었으면 했던 거야.

이때 이탈리아에서 **무솔리니**라는 인물이 나타났어.

"우리가 살기 위해서는 하나로 뭉쳐야 하오! 나라를 위해 개인의 희생도 필요한 법이오!"

그는 이탈리아를 옛 로마 제국처럼 강력한 나라로 만들겠다고 큰소리쳤어. 무솔리니는 큰 인기를 얻어 권력을 잡게 되었지.

무솔리니는 이탈리아의 수많은 문제를 해결하려면 국가를 가장 중요하게 여겨야 한다고 주장했어. 국가를 위해서라면 개인의 자유도 희생할 수 있다는 생각이었지. 이러한 생각을 ★교과서 핵심어 **파시즘**이라고 해.

무솔리니는 파시스트당이라는 정당을 세웠어.

"이번에도 파시스트당이 나서서 파업을 진압했다는구먼."

베니토 무솔리니
(1883년~1945년)
파시스트당을 만들어 이탈리아의 권력을 잡은 독재자야. 로마 제국의 영광을 되살리겠다고 주장했지.

사람들은 파시스트당이 사회주의와 맞서 싸운다는 데 큰 호감을 느꼈어. 경제가 어려운 틈을 타서 사회주의가 기승을 부렸거든. 점점 더 많은 사람이 무솔리니 편에 섰지. 국왕이 나서서 무솔리니를 총리로 임명할 정도로 무솔리니는 큰 인기를 얻었어.

"파시즘 독재만이 강력한 국가를 만들 수 있소!"

무솔리니가 독재자라는 것은 공공연한 사실이었지. 하지만 이탈리아 사람들은 개의치 않았어. 이미 오랫동안 계속된 혼란과 나약한 정부에 지쳐 있었거든. 힘센 나라, 안정된 사회를 만들어 준다는 약속이 달콤하게만 들렸지.

이탈리아에서 일어난 파시즘은 유럽 전역에 영향을 미쳤어. 특히 이웃 나라 독일에는 무솔리니보다 더 극단적인 독재자가 나타나 세계 평화를 위협했단다.

용선생의 한 줄 정리

이탈리아에 국가를 위해 다른 가치들을 무시하는 파시즘이 등장하고, 독재자인 무솔리니가 권력을 차지했어.

독재자들이 휩쓴 유럽

이탈리아와 독일에 유명한 독재자가 등장했지만, 제1차 세계 대전 이후에는 이들 나라 외에도 여러 나라에 독재자가 등장했어. 폴란드나 헝가리처럼 동유럽에 새로 생긴 나라들이나 대공황의 영향으로 어수선한 분위기의 나라들이 많았어. 독재자들은 이런 혼란을 틈타 권력을 잡았지. 독재자들은 보통 군대를 장악해 쿠데타를 일으키고, 의회를 해산시켜 버렸어. 또 개인보다 국가를 내세우며 사회를 통제했지.

프란시스코 프랑코
(1892년~1975년)
에스파냐의 독재자로, 제2차 세계 대전 당시 실질적으로 독일, 이탈리아를 지원했어.

독일의 나치당이 권력을 쥐다

제1차 세계 대전에서 패배한 독일은 나라 꼴이 말이 아니었어. 특히 베르사유 조약에서 정한 전쟁 배상금을 갚느라 등골이 휘고 있었지.

독일 정부는 돈 대신 지하자원이나 물건으로 배상금을 갚으려고도 했어. 하지만 전쟁 배상금이 워낙 막대해서 역부족이었지. 독일 정부는 어쩔 수 없이 돈을 마구 찍어 내기 시작했어.

정부가 무작정 돈을 찍어 내는 탓에 물가가 한없이 뛰어올랐지. 눈 깜짝할 새에 가격이 수십 배씩 올라 도저히 물건을 살 수 없을 정도였어.

"참나, 이 가격이면 돈을 휴지로 쓰는 게 더 싸겠네."

땔감을 사는 대신 돈을 태워 불을 지피거나, 벽지를 사는 대신 돈을 벽을 바르는 게 훨씬 저렴할 정도였대. 3년 동안 물가가 100억 배나 올랐으니 말이야!

"이게 다 무능한 정부 때문이야. 어휴, 한심해!"

정부에 대한 독일 국민의 실망과 원망은 날이 갈수록 높아졌어. 패전국이 된 것도 굴욕적인데, 전쟁 배상금을 갚느라 고생까지 하고 있으니 여간 분한 게 아니었지.

독일은 이런 상황에서 대공황을 맞은 거야. 경제가 더 나빠지니 사람들은 입에 풀칠하기조차 어려웠지. 이때 **히틀러**가 등장해 사람들의 마음을 파고들었어.

"독일을 세계 최고의 나라로 만들겠소!"

아돌프 히틀러
(1889년~1945년)
독일의 정치가야. 독일의 정권을 잡고 제2차 세계 대전을 일으켰어.

히틀러는 휘청거리는 독일을 바로잡겠다며 큰소리쳤어. 일자리를 만들어서 대공황을 해결하고, 독일 사람들에게 다시 풍족한 삶을 선물해 주겠다고 약속했지. 무엇보다 독일을 세계에서 가장 강력한 나라로 만들겠다고 했어. 영국과 프랑스 같은 강대국들도 굽실거릴 정도로 말이야.

히틀러는 무솔리니가 했던 것처럼 독일 사람들의 마음을 자극했어. 히틀러는 순식간에 유명 인사가 되었고, 히틀러가 이끌던 **나치당**도 선거에서 좋은 결과를 거두기 시작했지.

"사회주의자들이 독일을 분열시키려 합니다! 속지 마십시오!"

히틀러는 사회주의자들을 공격하면서 더욱 큰 인기를 얻었어. 이탈리아와 마찬가지로 독일에서도 사회주의자들을 곱지 않은 시선으로 보는 사람들이 많았거든. 특히 돈 많은 자본가들과 힘 있는 정치인들이 히틀러를 적극 지지했지.

그러던 1933년, 마침 선거를 앞두고 국회 건물에 큰불이 났어. 히틀러는 사회주의자들이 범인이라고 발표해 버렸지. 선거를 방해하고 사회주의 혁명을 일으키려는 속셈이었다고 말이야. 히틀러는 사회주의자들은 물론이고, 히틀러와 나치당에 반대하는 사람들까지 모조리 잡아 가두었어. 이후 선거에서 나치당은 큰 승리를 거뒀고, 히틀러는 **총통**의 자리에 올라 독재 정치를 시작했지.

> **곽두기의 용어 사전**
>
> **총통**
> 나랏일을 총괄하는 최고 책임자를 말해. 히틀러는 대통령, 총리, 나치당의 우두머리 역할을 혼자서 모두 겸해 총통이라고 불렀어.

용선생의 한 줄 정리
독일에서는 히틀러가 강력한 독일을 주장하며 권력을 잡았어.

히틀러가 극단적인 민족주의를 주장하다

히틀러 총통께 경례!

높은 무대 위로 히틀러가 나타났어. 광장은 연설을 들으려는 사람들로 꽉 차 발 디딜 틈이 없었지. 모두들 히틀러를 우러러보면서 숨죽이고 있었어.

"독일 민족이 세계를 지배해야 합니다!"

히틀러는 독일 민족이 세계 제일의 지도자가 되어야 한다고 목청을 높였어. 독일 민족이 가장 튼튼하고 똑똑하니까, 다른 민족들을 지배하는 게 당연하다는 거야. 열등한 민족은 가치가 없고 다른 민족의 지배를 받아야 한다고 보는 무시무시한 생각이었지.

"와아! 히틀러 만세! 나치당 만세! 독일 만세!"

광장에 커다란 함성이 울려 퍼졌어. 감동에 겨워 눈물을 훔치는 사람도 있었지. 히틀러의 연설을 듣고 있으면 독일인이라는 사실이 자랑스러워졌거든.

 세계사 더 읽기

나치의 선전 활동

나치는 국민의 인기를 중요하게 생각해서 다양한 선전 활동을 펼쳤어. 히틀러는 뛰어난 연설 기술을 가지고 있어서, 그의 연설을 보면서 눈물을 흘리는 사람도 많았다고 해. 이런 장면을 영화로 만들어 상영하기도 했지. 또 독일에서 열린 올림픽 대회가 세계 최초로 텔레비전으로 방송되면서 히틀러에 대한 지지가 더욱 높아졌고, 미국이나 영국에서까지 히틀러 지지자가 생기기도 했대.

▲ 독일 의회에서 연설하는 히틀러

게다가 히틀러가 권력을 잡은 뒤로, 독일은 대공황에서 빠르게 벗어나고 있었어. 히틀러가 나라를 구하기 위해 나타난 영웅이라고 생각할 정도로 말이야.

히틀러는 대공황을 극복하기 위해 큰 공사를 벌였어. 여기저기에 고층 건물을 세우고, '아우토반'이라는 고속 도로도 만들었지. 사람들은 일자리를 구했고, 시장도 활기를 되찾았어. 정책들이 어느 정도 성과를 보이자 히틀러는 더 과감해졌지.

"더 이상 베르사유 조약을 지키지 않겠소!"

1935년, 히틀러는 베르사유 조약을 깨뜨려 버렸어. 전쟁 배상금을 갚지도 않고, 군대와 무기도 늘리겠다고 선언해 버린 거야. 독일 사람들은 드디어 짓밟힌 자존심을 되찾았다며 기뻐했지.

물론 깜짝 놀란 영국과 프랑스가 달려와 따지긴 했어. 하지만 항의의 말을 전하는 데 그칠 뿐이었지. 독일을 세게 몰아붙였다가 다시 전쟁이 일어날까 두려웠기 때문이지.

영국과 프랑스의 말뿐인 경고에 히틀러는 오히려 자신감을 얻었어. 독일이 군사력을 키우더라도 영국과 프랑스가 먼저 독일을 공격하기는 힘들 거라는 확신이 들었지.

"전쟁을 준비합시다! 우리 독일이 반드시 승리할 것이오!"

이제 본격적인 전쟁 준비가 시작되었어. 군대를 키우고 최신 무기들을 쉴 틈 없이 찍어 냈지. 학교에 다니는 아이들에게도 군사 교육을 시킬 정도로 열심이었어.

히틀러는 사람들을 똘똘 뭉치기 위해 민족적인 감정을 자극했어. 사람들을 뭉치는 데는 공공의 적을 만들어 분노를 유발하는 것만큼

▲ 나치당에 의해 파괴된 유대인 상점

효과적인 방법이 없었지.

그는 사회주의자와 유대인을 희생양으로 삼았어. 히틀러는 독일처럼 뛰어난 민족이 베르사유 조약 같은 굴욕을 겪은 건 유대인 탓이라는 소문을 퍼뜨렸지. 유대인들이 스파이 노릇을 하며 독일 민족을 일부러 함정에 빠뜨렸다는 거야.

"유대인이 독일을 팔아먹은 범인이오! 유대인들을 쫓아냅시다!"

히틀러의 계획은 먹혀들었지. 분노에 찬 사람들은 유대인 교회와 상점을 부수고, 유대인들이 쓴 책을 몽땅 불태워 버렸어. 그리고 일자리와 재산을 빼앗아 마을에서 내쫓아 버렸지.

전쟁도 민족적인 이유를 들먹이며 부추겼어.

"독일 민족이 대대손손 살던 땅을 되찾아 옵시다!"

히틀러는 독일 사람들이 많이 살고 있는 지역은 억울하게 잃어 버린 땅이니 전쟁으로라도 되찾아 와야 한다고 큰소리쳤어. 안 그래도 분노에 차 있던 사람들은 정말로 전쟁이 꼭 필요하다고 믿게 됐지. 온 국민이 똘똘 뭉쳐 전쟁 준비에 힘을 모았어. 어느덧 유럽에 다시 전쟁의 기운이 감돌고 있었단다.

용선생의 한 줄 정리

히틀러가 유대인을 희생양으로 삼아 독일인의 민족주의를 자극하면서 전쟁 준비에 힘을 기울였어.

교과서에 나오는 중요한 내용을 정리했어!

수재의 세계사 노트

대공황	대공황의 배경	① 제1차 세계 대전 이후 미국 경제가 호황을 누림 ② **대량 생산**된 물건이 소비되지 못하고 재고로 쌓임
	대공황의 발생	① 미국 주가가 폭락하면서 기업이 파산하고, 실업자가 증가 ② 미국의 불황이 **대공황**으로 이어짐(1929년)
	대공황 극복 노력	① 루스벨트는 정부가 경제에 개입하는 **뉴딜 정책**을 실시 ② 도로, 댐 등 정부 주도의 큰 공사로 일자리를 만듦
이탈리아의 파시즘	무솔리니의 독재 정치	① **무솔리니**가 국가를 위해 개인의 희생을 강요하는 **파시즘**을 주장 ② 무솔리니가 파시스트당을 세워 이탈리아의 권력을 독차지
독일의 나치즘	히틀러의 등장	① 독일이 전쟁 배상금과 대공황으로 혼란에 빠짐 ② **히틀러**가 이끌던 **나치당**이 독재 정치를 펼침
	히틀러의 독재 정치	① 히틀러가 독일 민족만 우수하고, 타민족은 열등하다 주장하며 유대인을 희생시킴 ② 히틀러가 베르사유 조약을 깨뜨리고 전쟁을 준비(1935년)

세계사 능력 시험

01 다음 시기에 미국에서 볼 수 있는 모습으로 알맞은 것은 무엇일까? ( )

> 제1차 세계 대전 이후 미국은 세계 초강대국으로 성장했어요. 미국은 유럽이 황폐해진 틈을 타 많은 물건을 수출하면서 큰 이익을 보았어요.

① 바스티유 감옥을 습격한 시민
② 노예 제도를 두고 다투는 남부와 북부
③ 영국과 독립 전쟁을 벌인 식민지 대표
④ 대량 생산 방식으로 물건을 만드는 노동자

02 다음 중 (가)에 들어갈 내용으로 가장 알맞은 것은 무엇일까? ( )

[세계사 노트]
대공황의 발생과 극복
· 원인: (가)
· 과정: 1929년 미국 주식 시장 주가가 크게 폭락
  → 수많은 기업이 파산, 실업자 증가
  → 전 세계에 불황 확산

① 신항로의 개척
② 파시즘의 확산
③ 뉴딜 정책의 실시
④ 상품 재고의 증가

03 빈칸에 들어갈 인물로 알맞은 것은 무엇일까? ( )

? (1882년~1945년)
· 미국 제 32대 대통령으로 뽑힘.
· 뉴딜 정책을 추진해 댐 등을 건설
· 제2차 세계 대전에 참전

① 링컨 ② 히틀러
③ 루스벨트 ④ 무솔리니

04 기사 속 경제 위기를 극복하기 위해 미국 정부가 한 일로 알맞은 것은 무엇일까? ( )

세계사 신문

대공황, 해결 방법은?

대공황으로 천만 명이 넘는 미국의 노동자들이 일자리를 잃고 거리로 내몰렸다. 실업자들은 취업을 원한다는 팻말을 걸고 거리로 나섰다. 이에 미국은 경제를 부양하기 위해 이 정책을 실시했다.

① 상품 생산을 적극적으로 늘렸어요.
② 미국 내 유대인을 적극 차별했어요.
③ 전국에 다리와 도로, 댐을 건설했어요.
④ 다른 나라의 식민지를 빼앗아 상품 시장을 늘렸어요.

05 ㉠과 ㉡에 들어갈 단어로 알맞은 것을 바르게 짝지은 것은 무엇일까? (   )

> 이탈리아는 제1차 세계 대전에 참여해 승리를 거두었지만, 큰 이익을 보지 못해 불만이 많았지요. 이때 ㉠ 가 등장해 국가를 위해서 개인의 자유를 희생할 수 있다는 ㉡ 을 주장하며 파시스트당을 세웠어요.

	㉠	㉡
①	가리발디	파시즘
②	가리발디	계몽사상
③	무솔리니	파시즘
④	무솔리니	계몽사상

06 (가)에 들어갈 대답으로 알맞은 것은 무엇일까? (   )

① 비스마르크가 철혈 정책을 내세웠어요.
② 뉴딜 정책을 통해 경제 위기를 극복했어요.
③ 국민들이 물가 하락으로 풍족한 삶을 누렸어요.
④ 정부에서 전쟁 배상금을 갚기 위해 많은 돈을 찍어냈어요.

07 다음 인물에 대한 설명으로 알맞은 것은 무엇일까? (   )

① 나치당을 이끌었어요.
② 철혈 정책을 추진했어요.
③ 러시아 혁명을 일으켰어요.
④ 베르사유 궁전을 만들었어요.

08 다음 영상을 보고 난 반응으로 알맞지 <u>않은</u> 것은 무엇일까? (   )

① 전 세계가 경제 위기에 빠졌어요.
② 독일의 히틀러가 독재 정치를 펼쳤어요.
③ 독일의 히틀러가 사회주의를 받아들였어요.
④ 미국 정부가 경제에 적극적으로 개입했어요.

컨베이어 시스템과 포드 자동차

포드는 도축장에서 이용하던 컨베이어 벨트를 자동차 공장에 도입했어. 노동자들은 똑같은 일만 반복했기 때문에 생산한 물건도 똑같은 물건밖에 없었지. 첫 모델은 디자인도 하나, 색상도 하나밖에 없었대. 부자들은 포드의 자동차를 보고 비웃었지만, 저렴한 가격 덕분에 자동차는 곧 생필품으로 자리 잡게 되었고, 포드는 자동차의 왕이라 불리게 되었지.

2 또다시 일어난 세계 대전

제2차 세계 대전이 일어나다!

"독일과 이탈리아가 손을 잡는다면 우리를 막을 수 있는 나라는 없을 거요!"

독일의 히틀러와 이탈리아의 무솔리니는 서로 뜻이 맞았어. 두 사람은 국가를 위해 개인의 자유를 희생해도 좋다는 생각을 갖고 있었지. 또 전쟁을 해서라도 더 넓은 땅을 차지하고 싶은 마음도 같았어. 영국과 프랑스의 반대를 이겨내고서 말이야.

결국 독일과 이탈리아가 손을 잡았어. 제1차 세계 대전에서 총부리를 겨누었던 두 나라가 이제 같은 편이 된 거야.

히틀러는 본격적으로 독일 주변의 땅을 빼앗기 시작했어. 그 시작은 오스트리아와 체코였지. 독일 사람이 많이 살고 있다는 핑계로 말이야. 오스트리아는 히틀러의 위협에 순순히 땅을 내어 주었어. 국민의 상당수가 독일 민족인 데다가, 히틀러와의 전쟁만은 피하고 싶었거든.

체코는 문제가 좀 더 복잡했지. 체코는 프랑스의 동맹 국가였어. 독일이 체코를 침략하면 프랑스와 전쟁이 일어날 수도 있었지. 하지만 영국과 프랑스는 여전히 전쟁을 피하고 싶었어.

"독일 민족이 사는 땅만 차지하시오. 더 이상 욕심내지 마시오!"

영국과 프랑스는 체코의 영토 중 독일 민족이 많이 사는 땅을 떼어 주기로 했어. 다른 땅을 침범하면 가만히 있지 않겠다는 으름장과 함께 말이야.

"흥, 이걸로 만족할 것 같으냐? 이 겁쟁이 녀석들아!"

히틀러는 코웃음을 치며 체코 전체를 점령해 버렸어. 영국과 프랑스가 독일을 공격하지 못할 거라 생각했거든. 히틀러의 예상은 맞았지. 영국과 프랑스는 전쟁을 피하기 위해 이번에도 그냥 넘어가기로 했어.

영국과 프랑스가 독일을 내버려둔 건 소련 때문이기도 했어. 영국과 프랑스는 독일만큼이나 소련이 세력을 확장해 나가는 걸 두려워했거든. 그런데 마침 히틀러가 사회주의를 무척 싫어하니, 독일을 방패 삼아 소련을 막을 수 있을 거라고 생각했던 거야.

그런데 웬걸, 히틀러가 영국과 프랑스의 허를 찔렀어.

"독일과 소련이 사이좋게 동유럽을 나눠 가집시다!"

독일과 소련이 서로 침략하지 않기로 하는 **불가침 조약**을 맺어 버린 거야. 그리고 동유럽을 적당히 나눠 갖자면서 말이지.

▲ 독소 불가침 조약 풍자화
독일과 소련이 서로 침략하지 않기로 맺은 조약을 히틀러와 소련의 스탈린이 결혼하는 것처럼 우스꽝스럽게 나타낸 그림이야.

물론 히틀러는 여전히 소련이 싫었어. 하지만 당장은 영국과 프랑스에 맞서는 게 더 중요하다고 생각했지. 유럽 다른 지역을 차지하고 나서 소련을 공격해도 늦지 않다는 것이었어.

히틀러의 속셈이야 어떻든 영국과 프랑스는 화들짝 놀랐지. 천적 같던 두 나라가 조약을 맺다니, 믿을 수 없는 일이었어. 하지만 사태는 이미 걷잡을 수 없이 커졌지.

1939년 9월, 독일은 서쪽에서, 소련은 동쪽에서 동시에 폴란드를 공격했어. 마침내 **제2차 세계 대전**이 일어나고야 만 거야! 폴란드는 독 안에 든 쥐가 되어 눈 깜짝할 사이에 함락되고 말았지.

"다시 전쟁을 일으킨 독일을 용서할 수 없다!"

　보고만 있을 수 없던 영국과 프랑스도 전쟁에 뛰어들었어. 하지만 우왕좌왕하느라 좀처럼 힘을 쓰지 못했지. 미리 전쟁을 준비해 두지 않은 탓에 애를 먹었어.

　"하하, 유럽 정복도 어렵지 않겠어. 독일 민족의 힘을 보여주마!"

　독일은 거침이 없었어. 폴란드를 손에 넣고 단 두 달 만에 덴마크와 노르웨이를 완전히 점령해 버렸지. 동유럽과 북유럽의 상황이 어느 정도 정리가 되자 히틀러는 영국과 프랑스가 있는 서쪽으로 눈을 돌렸어.

▲ 폴란드로 향하는 독일군과 이를 보고 있는 히틀러

용선생의 한 줄 정리

독일이 소련과 조약을 맺고 폴란드를 공격하면서 제2차 세계 대전이 시작되었어.

독일이 프랑스를 점령하고 영국을 공습하다

"이제는 정면 승부다. 프랑스를 공격하러 가자!"

덴마크와 노르웨이를 점령한 히틀러는 다음 목표를 프랑스로 정했어. 독일과 프랑스는 나폴레옹 전쟁과 독일의 통일 과정, 그리고 제1차 세계 대전까지 계속된 적대 관계에 있었지. 프랑스는 독일의 이동 경로를 예상하고 넓은 길이 있는 북쪽 지역에 군대를 집중 배치했어.

히틀러는 프랑스를 공격하기 위해 꾀를 냈어. 이동하기 좋은 프랑스 북쪽으로 군대를 보내는 척하면서, 실제로는 숲을 통과해 적의 뒤를 노리는 것이었지.

"숲을 가로질러서 공격할 거라는 생각은 못하겠지?"

예상대로 프랑스는 깜빡 속아 넘어갔어. 프랑스 북쪽에 군대를 집중시켰다가 뒤로 돌아온 독일군에 허를 찔리고 만 거야. 100만이 넘는 프랑스 주력 부대가 완전히 포위되어 버렸지.

독일의 프랑스 공격

"항복이오, 항복! 프랑스는 항복하겠소."

결국 프랑스는 독일에 항복하고 말았어. 히틀러는 프랑스에 꼭두각시 정부를 세워서 나치에 협력하게 했지. 이 모든 게 독일이 프랑스를 공격한 지 단 6주 만에 일어난 일이었어.

히틀러의 다음 목표는 영국이었어.

"영국이 항복할 때까지 폭탄을 투하하라!"

독일군이 직접 바다를 건너 영국을 공격하려면 강력한 영국 해군과 싸워야 했어. 히틀러는 바다에서 싸우는 대신 영국에 폭격기를 보내 폭탄을 떨어뜨렸지. 독일의 폭격기는 군사 시설은 물론, 평화롭던 도시 한복판까지 폭격했어.

독일군의 폭격은 3개월이 넘게 계속되었어. 영국의 도시들은 쑥대밭이 되었지. 그래도 영국 사람들은 꿋꿋하게 견뎌냈어. 공격을 계속하던 독일군도 지칠 정도로 말이야.

"하루빨리 유럽을 정복하고 소련을 공격해야 하는데…."

히틀러는 점점 마음이 조급해졌어. 그런데 영국이 독일의 발목을 잡고 있으니 소련을 공격할 엄두가 나지 않았지. 독일군이 승승장구하고 있다고 해도, 여기저기에서 동시에 전쟁을 치르는 건 쉽지 않은 일이었어. 그렇다고 눈엣가시인 사회주의 소련을 그대로 두고 볼 수도 없었지.

이때, 히틀러는 아시아의 새로운 강자인 일본을 떠올렸어. 일본이 동쪽에서 동시에 공격한다면 소련을 손쉽게 무너뜨릴 수 있을 거라 생각했지.

"일본도 우리 독일과 이탈리아 동맹에 함께하는 게 어떻겠소?"

"좋소! 독일은 유럽에서, 우리 일본은 아시아에서 세계를 제패합시다!"

일본은 독일의 제안을 흔쾌히 받아들였어. 일본은 이미 중국과 전쟁을 치르고 있었거든. 독일처럼 강한 나라와 동맹을 맺으면 중국과의 전쟁에도 도움을 받을 수 있을 거라고 생각했지.

그렇게 독일, 이탈리아, 일본, 세 나라의 **추축국** 동맹이 완성되었어. 제2차 세계 대전은 이름 그대로 세계를 무대로 한 전쟁이 되어 버린 거야.

▲ 파리의 에투알 개선문 앞을 행진하는 독일군

추축국이 무슨 뜻이에요?

제2차 세계 대전은 독일, 이탈리아, 일본 등의 추축국과 프랑스, 영국, 미국, 소련, 중국 등의 연합국 사이에 벌어진 전쟁이야. 추축이라는 말은 중심이 된다는 뜻으로, 1936년에 무솔리니가 "유럽의 국제 관계는 이탈리아와 독일을 추축으로 삼아 변화할 것이다."라고 연설한 데서 유래한 말이지.

용선생의 한 줄 정리

프랑스를 점령한 독일이 일본과 동맹을 맺으면서 전쟁이 아시아 지역까지 확대되었어.

중일 전쟁과 난징 대학살

"우리 일본이 아시아를 호령하려면 중국을 꼭 정복해야 하오!"

일본은 계속해서 중국에 군침을 흘리고 있었어. 중국은 아시아에서 가장 땅덩이가 넓은 데다가, 동남아시아의 여러 나라를 침략하기에도 좋은 위치에 있었거든. 게다가 중국은 땅이 비옥하고 지하자원도 풍부했지. 중국을 차지할 수만 있다면 일본이 경제를 발전시키고 전쟁을 치르는 데 큰 도움이 될 거라고 생각했어.

일본은 중국 땅을 차지하기 위해 비열한 짓도 서슴지 않았어. 중국과 일본이 치른 **중일 전쟁**도 일본군의 거짓말로 시작되었지.

1937년 베이징에서 중국군과 일본군은 다리 하나를 사이에 둔 채 서로 마주 보고 있었어. 그런데 어느 날 밤, 일본군이 난데없이 소동을 피우는 거야.

"우리 병사가 실종됐다! 중국군이 납치한 게 틀림없다!"

일본은 중국군이 일본군 병사를 납치해 갔다고 떠들었어. 사실은 일본군의 새빨간 거짓말이었지. 하지만 전쟁을 시작할 핑계로는 충분했어. 일본군은 다음날 새벽 곧장 다리 건너의 중국군 부대를 폭격하며 전쟁을 시작했지.

일본군은 눈 깜짝할 사이에 베이징과 톈진을 점령했어. 그리고 수도인 난징을 향해 나아갔지. 일본은 몇 달 만에 중국을 통째로 집어삼킬 수 있겠다는 단꿈에 젖었어.

하지만 전쟁은 일본군의 뜻대로 흘러가지 않았어. 중국 사람들이 죽기 살기로 맞서 싸웠거든.

일본군이 난징에 도착했을 때, 중국 정부는 이미 저 멀리 충칭으로 도망간 상태였어. 중국 정부의 항복을 받아내서 중국 전역을 차지하겠다는 계획이 틀어져 버렸지. 그러자 일본군은 난징에 있는 민간인들에게 분풀이하기 시작했어.

"중국 사람은 눈에 보이는 대로 모조리 죽이도록 하라!"

▲ 난징으로 들어서는 일본군들

일본군은 남녀노소 가리지 않고 마구잡이로 사람들을 학살했어. 여자들을 강간하고, 살아 있는 사람들을 생매장하는 무자비한 짓도 서슴지 않았지. 6주 동안 난징에서만 30만 명이나 되는 사람들이 가혹한 죽임을 당했어. 최악의 전쟁 범죄인 **난징 대학살**이 벌어진 거야.

일본은 가는 곳마다 무수히 많은 전쟁 범죄를 저질렀어. 어린 소녀들을 강제로 일본군 '위안부'로 끌고 가거나, 살아 있는 사람들에게 잔인한 생체 실험을 하기도 했지. 제2차 세계 대전 동안 차마 눈 뜨고 볼 수 없을 심각한 전쟁 범죄들이 무수히 일어났단다.

용선생의 한 줄 정리

일본은 중국과 전쟁을 치르면서 난징 대학살 등 끔찍한 전쟁 범죄를 저질렀어.

 세계사 속 한국사

충칭으로 옮겨 간 대한민국 임시 정부

1919년 3·1 운동을 계기로 대한민국 임시 정부가 세워졌어. 처음 임시 정부가 세워진 곳은 중국의 상하이였지. 하지만 일본의 압박이 심해지면서 차츰 중국의 내륙 지역으로 옮겨 가야 했어. 그리고 1940년 최종적으로 자리 잡은 곳이 당시 중화민국의 수도였던 충칭이었어. 임시 정부는 중화민국의 지원을 받으며 한국광복군을 창설하고 독립운동을 계속해 나갔지.

일본이 태평양 전쟁을 일으키다!

위이이잉 ~ 쾅! 콰쾅! 1941년 12월, 미국의 하와이섬에 일본군 전함과 전투기들이 몰려들어 폭탄을 퍼부었어. 예상치 못한 일본의 기습 폭격에 하와이는 엄청난 피해를 입었지.

일본이 미국을 공격한 건 무역 때문이었어. 일본은 석유, 석탄, 철강 같은 전쟁 물자를 미국에서 수입하고 있었거든. 그런데 미국이 돌연 전쟁 물자의 일본 수출을 금지해 버린 거야.

"중일 전쟁을 그만두기 전에는 수출도 없을 줄 아시오!"

미국은 중국에 엄청난 돈을 투자해 두었지. 전쟁 때문에 그 돈이 모조리 휴지 조각이 될까 걱정됐거든.

▲ **일본의 진주만 습격**
일본이 하와이의 진주만을 기습 공격하자, 미국이 일본에 선전 포고하면서 태평양 전쟁이 시작되었지.

하지만 일본은 미국의 말을 들은 체 만 체 했어. 아시아에서 계속 승리를 거두며 어떤 나라와 싸워도 이길 수 있다고 자신했지.

일본의 기습으로 미국 전역이 분노로 들끓었고, 루스벨트 대통령은 즉각 참전을 선언했어. **태평양 전쟁**이 시작된 거야. 일본이 독일과 동맹을 맺고 있었기 때문에 미국은 유럽의 전쟁에도 연합국으로 참전하게 되었지.

엎치락뒤치락 전쟁이 계속되던 때였어.

"암호가 해독됐다! 다음 공격 장소는 미드웨이다!"

미국은 일본이 미드웨이섬을 공격할 계획이라는 기밀 정보를 얻어냈어. 미국의 공격에 일본은 힘도 제대로 쓰지 못하고 크게 패했지(미드웨이 해전, 1942년).

　미드웨이 해전을 계기로 미국이 일본을 압도하기 시작했어. 일본은 더 이상 미국을 막아 낼 힘이 없었지만, 그럴수록 더욱 극단적인 방법을 동원하면서까지 버티려고 했어.

　우리나라를 포함한 식민지에서는 무기를 만드는 데 쓸 만한 모든 것을 빼앗아 갔어. 젊은이들도 닥치는 대로 잡아서 전쟁터와 군수 공장으로 보내 버렸지.

　전쟁 막바지에는 광기에 가까운 모습을 보였어. 천황은 일본의 승리를 위해 기꺼이 목숨을 바치라고 명령했지. 조종사들은 자살 폭탄 공격에 참여했고, 민간인들은 미군의 포로가 되지 않으려 스스로 목숨을 끊었어. 코앞까지 다가온 일본의 패배를 끝까지 인정하지 않으려 한 거야.

 **용선생의 한 줄 정리**
일본이 미국을 공격하면서 미국도 제2차 세계 대전에 참전하게 되었어.

제2차 세계 대전의 결과

"소련으로 진격하라! 사회주의 국가를 무너뜨리자!"

태평양에서 일본과 미국이 전쟁을 벌이는 동안, 유럽에서는 독일과 소련 사이에 큰 전쟁이 벌어지고 있었어. 1941년 6월, 독일이 독소 불가침 조약을 깨고 소련을 기습 공격한 거야.

그런데 소련은 히틀러가 생각한 것보다 훨씬 더 힘든 상대였어. 날씨부터가 문제였지. 독일군은 난생처음 겪는 소련의 혹독한 겨울 때문에 큰 곤혹을 치렀어. 영하 40도 아래로 떨어지는 추위에 얇은 군복을 입고 싸워야 하니, 독일군에게는 지옥과도 마찬가지였지.

봄이 되자, 상황은 더욱 나빠졌어.

"으악, 진흙 때문에 도저히 움직일 수가 없잖아!"

얼었던 땅이 녹으면서 온통 진흙탕이 되어 버린 거야. 발과 바퀴가 푹푹 빠지는 바람에 병사들도 탱크도 좀처럼 움직이질 못했어. 이 와중에 소련 사람들은 죽기살기로 독일군에 맞서 싸웠지. 특히 **스탈린그라드 전투**(1942년)가 치열했어. 독일은 빼앗기 위해, 소련은 지키기 위해 안간힘을 썼지.

이오시프 스탈린
(1879년~1953년)
레닌의 후계자로, 소련 공산당을 이끌면서 독재 정치를 펼쳤어. 제2차 세계 대전과 이어진 냉전에서 중요한 역할을 한 인물이야.

"소련에 후퇴란 없다! 무슨 일이 있어도 이겨야 한다!"

스탈린그라드는 독일 손에 넘어가기 일보직전이었어. 계속되는 전쟁에 소련의 인명 피해도 막심했지. 당장 항복한다고 해도 이상하지 않을 정도였어.

그런데도 소련은 물러서지 않고 독일군을 포위하는 데 성공했어. 수십만 명의 독일군을 포로로 잡을 정도로 큰 승리였지. 독일군은 기세가 크게 꺾인 채 서쪽으로 도망칠 수밖에 없었어.

이제 전쟁의 판도는 완전히 뒤바뀌었어. 소련은 기세를 올리며 강해졌고, 독일의 힘은 눈에 띄게 약해졌지. 게다가 미국의 참전으로 힘의 균형이 무너지고 연합국이 추축국을 압도하기 시작했어.

"소련 문제는 추축국을 무찌르고 나서 생각합시다."

미국은 영국, 소련과 동맹을 맺고 힘을 합쳤어. 물론 영국과 미국은 사회주의 국가인 소련이 탐탁지 않았지. 그래도 당장은 소련보다 독일과 일본이 훨씬 위험하다고 생각한 거야.

미국은 영국과 소련에 많은 무기와 군대를 보내 주었어. 세 나라가 열심히 힘을 합친 결과, 독일과 이탈리아를 북아프리카에서 완전히 쫓아내는 성과를 거두기도 했지.

그러자 이탈리아가 가장 먼저 항복을 선언했어. 독일은 더욱 바빠졌지. 소련과 미국, 영국의 공격에 홀로 맞서야 했거든.

1944년 여름부터 독일은 더욱 수세에 몰리게 되었어. 연합국이 프랑스 노르망디 해안으로 상륙해서 프랑스를 되찾았거든.

"와아, 프랑스를 되찾았다! 이제 독일은 독 안에 든 쥐다!"

독일은 말 그대로 사면초가 신세에 놓이고 만 거야. 독일의 패배가 확실해지자 히틀러는 스스로 목숨을 끊었어. 그리고 1945년 5월, 독일이 연합국에 항복하면서 유럽에서의 전쟁은 끝이 났지.

이제 연합국의 모든 관심은 일본에 쏠렸어. 일본은 독일이 항복한 뒤에도 끝까지 저항했거든. 미국이 본토에 폭탄을 떨어뜨려도 꿈쩍하지 않았지.

 곽두기의 용어 사전

수세
적의 공격을 맞아 수비하는 상황을 말해. 보통 공격을 하지 못하고 수비만 하고 있는 상황을 '수세에 몰리다'라고 표현해.

▼ 전쟁 이후 스탈린그라드의 모습

▲ 일본에 투하된 원자 폭탄

"전쟁을 끝내려면 최후의 수단을 쓰는 수밖에 없겠군."

1945년 8월, 미국은 일본의 히로시마와 나가사키에 원자 폭탄을 떨어뜨렸어. 핵무기인 원자 폭탄의 위력은 무시무시했지. 강물이 펄펄 끓고 건물이 녹아내렸어. 많은 사람이 고통스럽게 죽어 갔지.

같은 시기에 소련도 일본에 선전 포고하고 일본이 점령하고 있던 만주로 진격을 시작했어. 일본은 더 이상 버틸 힘이 없게 되었지.

일본은 그제야 항복을 선언했어. 천황이 직접 나서 국민들에게 패전 소식을 알렸지. 드디어 추축국의 모든 나라가 항복하고, 제2차 세계 대전도 6년 만에 막을 내린 거야.

용선생의 한 줄 정리

독일과 일본이 차례로 항복하면서, 연합국의 승리로 제2차 세계 대전이 막을 내렸어.

세계의 평화를 위해 국제 연합을 만들다

"어떻게 해야 이런 전쟁이 다시 일어나지 않게 할 수 있을까?"

1941년, 아직 전쟁이 한창 진행 중일 때, 미국의 대통령 루스벨트는 영국 총리인 처칠과 함께 대서양 헌장을 발표했어. 평화로운 세상을 만들기 위해 지켜야 할 원칙을 정리한 글이었지.

윈스턴 처칠
(1874년~1965년)
영국의 정치가야. 제2차 세계 대전 중에 총리로서 영국을 이끌었어. 미국의 루스벨트, 소련의 스탈린과 함께 연합군을 이끈 인물이지.

> 우리는 영토 확장을 비롯한 그 어떤 세력 확장도 추구하지 않는다.
> — ✣ —
> 우리는 세계 모든 국민이 스스로 정부 형태를 선택할 권리를 존중한다. 또 강제로 빼앗긴 주권과 정부를 다시 찾기를 원한다.
> — ✣ —
> 우리는 나치 독일이 완전히 멸망한 후, 세계 모든 국가가 주권을 지키고 공포와 가난에서 벗어나 자유롭게 살 수 있도록 평화가 찾아오기를 원한다.

대서양 헌장이 발표되자, 소련을 비롯한 여러 나라의 지도자들도 적극적으로 지지해 주었어. 하루라도 빨리 전쟁을 끝내고 평화로운 세상을 맞고 싶은 마음이 한데 모인 거야.

마침내 1945년, 연합국의 승리로 전쟁이 끝나자 각국의 지도자들은 한마음 한뜻으로 평화를 외쳤어.

"이런 참혹한 전쟁이 또 일어나선 안 됩니다!"

제2차 세계 대전 동안 숱한 전쟁 범죄가 일어났어. 홀로코스트, 생체 실험, 무자비한 학살 등이었지.

 세계사 더 읽기

홀로코스트

홀로코스트라는 말은 원래 인간이나 동물을 대학살하는 행위를 말해. 하지만 역사적으로는 제2차 세계 대전 당시 독일 나치가 유대인을 대학살한 사건을 말하지. 1945년 전쟁이 끝날 때까지 600만 명에 이르는 유대인이 나치에 학살당했다고 해. 난징 대학살과 더불어 인간의 폭력성과 잔인성이 어디까지 갈 수 있는가를 생각하게 하는 최악의 전쟁 범죄란다.

▲ 국제 연합 상징

6년이라는 전쟁 기간 동안 6천만 명이 넘는 사람들이 목숨을 잃었어. 우리나라 인구보다 많은 사람이 희생된 거야. 전쟁이 끝나고서는 전쟁 범죄를 처벌하기 위해 전범 재판소가 꾸려지기도 했지.

"인간이 어찌 이런 잔인한 일을 저지를 수가 있단 말이오!"

하지만 처벌만으로는 부족했어. 더 확실하게 평화를 유지할 수 있는 적극적인 방법이 필요했지. 그래서 **국제 연합(UN)**이 만들어졌어(1945년).

국제 연합은 대서양 헌장을 실천하는 국제기구였어. 어떤 나라도 세계 평화를 해치지 못하게 하는 중요한 임무를 맡았지.

지금 이 순간에도, 국제 연합은 국제 평화를 지키기 위해 세계 곳곳에서 노력하고 있어. 전쟁 없는 세상을 꿈꾸는 소중한 바람과 굳은 의지를 현실로 만들기 위해서 말이야.

용선생의 한 줄 정리
사람들은 제2차 세계 대전과 같은 비극이 다시 일어나지 않도록 국제기구인 국제 연합을 만들었어.

▲ 뉘른베르크 전범 재판 모습
나치 독일의 끔찍한 전쟁 범죄가 이 재판을 통해 전 세계에 드러났어. 이후 독일은 폴란드나 프랑스 등 피해를 입은 나라에 여러 차례 사과하고 과거를 뉘우치고 있지.

▲ 도쿄 전범 재판에 출석한 도조 히데키 총리
일본군을 총지휘한 인물로, 이 재판에서 사형 선고를 받았어. 하지만 그 외 천황을 비롯해 많은 정치 지도자들이 처벌되지 않아 불완전한 전범 재판이라는 평가를 받아.

수재의 세계사 노트

제2차 세계 대전의 발발	독일의 침공	① 독일이 이탈리아와 동맹을 맺고 소련과 **불가침 조약** 체결 ② 독일이 폴란드를 공격하면서 **제2차 세계 대전**이 발발 (1939년)
	일본의 침공	① 일본이 **중일 전쟁**을 일으키고 **난징 대학살**을 벌임 (1937년) ② 일본이 독일과 동맹을 맺으며 독일, 일본, 이탈리아의 추축국 형성
제2차 세계 대전의 전개	유럽 전선	① 독일이 덴마크, 프랑스 등 유럽 대부분을 점령 ② 소련이 **스탈린그라드 전투**에서 독일군에 승리 ③ 연합군이 **노르망디 상륙 작전**에 성공해 프랑스를 회복 (1944년)
	태평양 전쟁	① 일본이 미국 하와이를 기습하면서 **태평양 전쟁** 시작 (1941년) ② 미국이 **미드웨이 해전**에서 일본군을 크게 물리침 ③ 미국이 일본에 **원자 폭탄**을 떨어뜨린 뒤 일본이 항복 (1945년)
제2차 세계 대전의 결과	전후 처리	① 미국의 루스벨트와 영국의 처칠이 평화 원칙을 담은 **대서양 헌장**을 발표 ② 제2차 세계 대전이 끝난 뒤 **국제 연합(UN)** 결성

세계사 능력 시험

✓ 2021 대학수학능력시험 변형

01 다음 사건 이후 일어난 일로 알맞은 것은 무엇일까? (   )

독일, 체코슬로바키아를 겨냥하다!

히틀러가 체코슬로바키아의 땅 일부를 요구하자, 영국과 프랑스는 전쟁을 피하기 위해 독일의 요구를 들어주었다. 하지만 히틀러는 체코슬로바키아의 나머지 지역까지 차지했다.

① 미국이 뉴딜 정책을 추진했어요.
② 나폴레옹이 대륙 봉쇄령을 내렸어요.
③ 독일이 제2차 세계 대전을 일으켰어요.
④ 독일이 무제한 잠수함 작전을 펼쳤어요.

02 밑줄 친 '이 전쟁'에 대한 설명으로 알맞은 것은 무엇일까? (   )

난징 대학살 기념관에 다녀오다!

오늘 부모님과 함께 난징 대학살 기념관에 다녀왔다. 일본은 <u>이 전쟁</u>을 일으킨 뒤 난징을 점령하고선 30만 명이 넘는 사람들을 죽였다고 하는데 정말 끔찍했다.

① 일본이 러시아와 벌인 전쟁이에요.
② 중국이 개항하는 계기가 되었어요.
③ 일본이 베이징과 톈진을 점령했어요.
④ 일본이 중국과 교류하는 계기가 되었어요.

✓ 시험에 잘 나와!

03 밑줄 친 '사건'에 대한 설명으로 알맞은 것은 무엇일까? (   )

이 사진은 일본이 하와이를 기습한 사건을 찍은 사진입니다!

① 대공황 발생의 계기가 되었어요.
② 일본이 중국과 손을 잡고 일으켰어요.
③ 일본과 독일이 동맹을 맺는 계기가 되었어요.
④ 미국이 일본을 경제적으로 압박하자 발생했어요.

04 제2차 세계 대전의 추축국과 연합국을 바르게 묶은 것으로 알맞은 것은 무엇일까? (   )

	연합국	추축국
①	미국, 영국, 소련	독일, 일본, 이탈리아
②	미국, 영국, 일본	독일, 소련, 이탈리아
③	독일, 일본, 이탈리아	미국, 영국, 소련
④	독일, 소련, 이탈리아	미국, 영국, 일본

05 다음 가상 뉴스 보도 이후에 있었던 사실로 알맞은 것은 무엇일까? (   )

① 대공황이 일어났어요.
② 소련이 독일에 항복했어요.
③ 레닌이 10월 혁명을 일으켰어요.
④ 소련이 스탈린그라드 전투에서 승리했어요.

06 빈칸에 들어갈 사건으로 알맞지 않은 것은 무엇일까? (   )

그림으로 보는 제2차 세계 대전

독일, 폴란드 공격 — ? — 노르망디 상륙 작전

① 태평양 전쟁 발발
② 일본, 하와이 습격
③ 독일, 프랑스 점령
④ 사라예보 사건 발발

07 빈칸에 들어갈 내용으로 알맞은 것은 무엇일까? (   )

독일은 전쟁을 이끌었던 히틀러가 죽자 항복했어요. 반면 일본은 끝까지 항복하지 않고 저항했고, 이에 미국은 _____.

① 일본을 개항시켰어요.
② 뉴딜 정책을 실시했어요.
③ 노르망디 상륙 작전을 실시했어요.
④ 일본에 원자 폭탄을 떨어뜨렸어요.

08 (가)에 들어갈 내용으로 알맞은 것은 무엇일까? (   )

지식백과

[(가)]

제2차 세계 대전 이후 세계 평화를 지키기 위해 만들어진 국제기구예요.
1941년 발표된 대서양 헌장에 따라 세워졌으며 오늘날까지도 193개의 회원국이 모여 활발하게 운영하고 있어요.

① 국제 연맹
② 국제 연합
③ 유럽 연합
④ 세계 무역 기구

『안네의 일기』

안네는 독일의 평범한 아이였지만, 제2차 세계 대전이 터지면서 유대인이라는 이유로 도망 다녀야 했어. 네덜란드에서 숨어 지내는 동안 자신의 일기장에 '키티'라는 이름을 붙이고 매일 있었던 일을 이야기하듯 기록했지. 전쟁 막바지에 가족이 모두 나치 수용소에 붙잡혀 가고, 유일하게 살아남은 안네의 아버지가 『안네의 일기』를 책으로 펴냈단다.

3 냉전으로 국제 사회가 얼어붙다

- 1950년 — 6·25 전쟁
- 1960년 — 아프리카 여러 나라가 독립
- 1961년 — 베를린 장벽 설치
- 1962년 — 쿠바 미사일 위기
- 1975년 — 베트남 전쟁 종식

미국과 소련의 차가운 전쟁이 시작되다

제2차 세계 대전이 끝나고 세계는 평화를 되찾았어. 하지만 오래가지 않아 새로운 갈등의 분위기가 번지고 있었지. 자본주의 국가인 미국과 공산주의 국가인 소련 사이의 갈등 말이야.

제2차 세계 대전 동안 미국과 소련이 손을 잡은 건 독일이라는 공공의 적 때문이었어. 전쟁이 끝나고 공공의 적이 사라지자 상대에 대한 견제가 시작되었지.

미국은 자본주의를, 소련은 공산주의를 대표하는 나라였거든. 소련은 미국의 자본주의가 망할 거라고 생각했고, 미국은 소련의 공산주의가 자본주의를 공격한다고 생각했어.

"자본주의는 망할 수밖에 없소! 공산주의만이 살 길이오!"

"공산주의자들은 겉과 속이 달라서 믿을 수가 없소!"

미국과 소련은 직접 전쟁을 벌이지는 않았지만, 서로를 적으로 여기면서 으르렁거렸어. 자본주의 진영 국가들은 미국을 중심으로 힘을 모으고, 공산주의 진영 국가들은 소련을 중심으로 힘을 모았지.

두 진영의 이러한 대립을 ★교과서 핵심어 **냉전**이라고 불러. 냉전은 차가운 전쟁이라는 뜻으로, 직접 총을 들고 싸운 것은 아니었지만 전쟁과 다름없을 정도의 긴장 관계가 만들어져 붙은 이름이야.

대부분의 나라가 미국이나 소련 편에 서며 전 세계가 둘로 나뉜 것 같았지.

소련은 동유럽에서 세력을 키워 나갔어. 독일군을 몰아내고 난 소련군이 아직 동유럽에 머물고 있었거든. 소련

동서로 갈라진 유럽
- 공산주의 진영
- 자본주의 진영

은 동유럽 국가들의 공산당을 지원하고, 공산주의 국가가 되면 더 많은 것을 주겠다고 약속했지.

"공산주의 정부를 세우시오! 우리 소련이 도와주겠소!"

미국은 서유럽까지 소련의 영향력 아래에 놓이게 될까 봐 불안했어. 그래서 서유럽 국가에 많은 돈을 지원하며, 전쟁으로 파괴된 공장과 도시를 다시 세울 수 있게 도와주었지.

"소련의 힘이 서유럽까지 뻗치기 전에 우리도 손을 써야겠다."

결국, 미국의 도움을 받은 서유럽은 미국의 자본주의 체제를 따르고, 소련의 영향력 아래에 있는 동유럽은 소련의 공산주의 체제를 따르게 되었어. 유럽이 서유럽과 동유럽으로 쪼개지고 만 거야.

이들은 분쟁이 일어났을 때 실질적인 도움을 주고받을 수 있게 군사 기구도 만들었어.

"우리 중 누군가 공격 받는다면 냉큼 달려와 도와줍시다!"

유럽 복구에 대한 미국의 계획

전쟁 이후 유럽을 복구하기 위해 미국의 대통령 트루먼은 자유 진영에 군사적, 재정적 지원을 하겠다고 선언했어(트루먼 독트린, 1947년). 이어 미국의 국무 장관 마셜이 서유럽 경제를 부흥하기 위한 원조 계획을 발표했지(마셜 계획). 그러자 소련도 동유럽의 공산주의 국가들과 경제 상호 원조 회의를 조직하며 맞섰어.

▶ 미국의 트루먼 대통령

서유럽 국가들은 **북대서양 조약 기구**(1949년), 동유럽 국가들은 **바르샤바 조약 기구**(1955년)를 만들었지. 어느 한 나라라도 상대 진영으로부터 공격을 받는다면 다 같이 맞서 싸우자고 약속한 거야.

이렇게 둘로 쪼개지는 유럽의 한가운데 있는 나라가 바로 독일이었어. 패전국인 독일은 승전국인 연합국이 나눠 통치하고 있었거든. 하지만 미국과 소련, 어느 쪽도 통치하고 있는 독일 땅을 순순히 내놓으려 하지 않았지.

"독일을 공산주의 진영의 손에 넘길 수는 없소!"

"흥, 누가 할 소리! 자본주의 진영에도 넘기지 않겠소!"

결국, 독일은 자본주의를 따르는 서독과 공산주의를 따르는 동독으로 나뉘었어. 수도인 베를린도 서독의 서베를린과 동독의 동베를린으로 쪼개져 버렸지.

"장벽을 세워 서베를린과 동베를린을 차단하시오! 앞으로 동서 사이의 어떤 교류도 허용하지 않을 것이오!"

1961년, 독일의 수도인 베를린에는 서쪽 지역과 동쪽 지역을 가르는 거대한 장벽이 세워졌어. **베를린 장벽**은 냉전의 상징물이 되었지.

용선생의 한 줄 정리

제2차 세계 대전 이후 전 세계가 미국의 자본주의 진영과 소련의 공산주의 진영으로 나뉘어 갈등하는 냉전이 펼쳐졌어.

중화 인민 공화국이 탄생하다

마오쩌둥
(1893년~1976년)
중국 공산당의 지도자야. 오늘날의 중국(중화 인민 공화국)을 세우는 데 큰 공을 세웠지.

"공산주의 국가를 만들자! 농민과 노동자의 나라를 만들자!"

제2차 세계 대전이 막을 내린 지 1년밖에 되지 않은 1946년, 중국에서는 또다시 전쟁이 시작되고 있었어. 중국 공산당의 지도자 **마오쩌둥**이 공산주의 국가를 세우려고 국민당과 내전을 시작한 거야. 이 전쟁을 **국공 내전**이라고 해.

전쟁이 시작될 때만 해도, 국민당의 지도자 장제스는 승리를 확신했어. 국민당은 정부가 가진 자원에 미국의 도움까지 받고 있었지. 반면, 공산당은 군인도, 무기도, 식량도 부족했거든.

그런데 전쟁은 장제스의 예상과 전혀 다르게 흘러갔어. 국민당 정부의 부패한 관료들은 군인들의 식량을 빼돌렸어. 제대로 된 밥을 먹지 못한 국민당 군인들은 배고픔을 참다못해 도둑질을 일삼았지.

반면 공산당은 국민을 위한 나라를 만들겠다며 환심을 샀어.

"공산당 편에 서시오! 살기 좋은 나라를 만들어 주겠소!"

중국 사람들의 마음도 점점 공산당 편으로 기울었지. 많은 사람이 국민당 몰래 공산당을 응원하고 도와주었어.

결국, 국공 내전은 공산당의 승리로 끝났어. 장제스는 남은 병력을 간신히 챙겨 바다 건너 타이완섬으로 도망가 중화민국을 이어 갔어. 이 나라를 보통 타이완(대만)이라고 불러. 한편, 마오쩌둥은 대륙 전역을 아우르는 공산주의 국가를 세웠어. 이 나라가 바로 오늘날 중국이라고 부르는 **중화 인민 공화국**이야.

마오쩌둥은 중국을 부강한 나라로 만들고 싶었어. 중국은 땅도 넓고 인구도 많으니까, 중국 사람들이 똘똘

뭉쳐 **일사불란**하게 움직이면 여느 나라보다 빠르게 경제가 성장할 거라고 생각했지.

1958년, 마오쩌둥은 경제 발전 운동인 **대약진 운동**을 시작했어. 마오쩌둥은 많은 곡식을 생산하기 위해 마을마다 목표를 정하고 달성하도록 격려했어. 사람들도 너나 할 것 없이 열심히 일했지.

하지만 마오쩌둥이 요구한 목표는 터무니없이 높았어. 사람들은 목표를 달성하지 못했다고 하면 처벌 받을까 두려워 목표를 달성한 것처럼 거짓말을 했지.

결국, 대약진 운동은 크게 실패했고, 운동이 진행되는 동안 2천만 명이 넘는 사람이 굶어 죽었어. 이 숫자는 제1차 세계 대전의 전체 희생자 수와 맞먹는단다.

 곽두기의 용어 사전

일사불란
실 하나도 엉키지 않는다는 뜻으로, 질서가 잘 지켜지는 모습을 말해.

 **용선생의 한 줄 정리**
중국에서는 마오쩌둥이 국공 내전에서 승리하면서 중화 인민 공화국을 세웠어.

아시아의 '열전'

아시아 지역에서는 미국과 소련의 냉전이 실제 전쟁으로 이어지기도 했어. 그래서 이 지역의 갈등은 냉전이 아니라, 뜨거운 전쟁이라는 뜻으로 '열전'이라고 부르기도 해.

제2차 세계 대전이 끝나고, 식민지였던 우리나라는 남과 북으로 쪼개졌어. 남한에는 미국을 따르는 자본주의 정부가, 북한에는 소련을 따르는 공산주의 정부가 세워졌지.

북한의 지도자 김일성은 전쟁을 일으켜서라도 한반도 전역을 공산주의 국가로 만들고 싶었어.

"소련이 도와준다면 틀림없이 우리 북한이 이길 거요!"

소련의 스탈린도 김일성에게 북한을 도와주겠다고 약속했지. 마침내 1950년, 6·25 전쟁이 일어나고 말았어. 전쟁이 터지자 미국을 비롯한 자본주의 진영의 여러 나라가 남한을 도왔어. 그러자 공산주의 국가인 중국도 북한을 돕겠다며 군대를 보냈지. 전쟁이 길어지자 두 진영은 전쟁을 멈추고, 분단 상태를 유지하기로 약속했어.

그런데 1964년, 베트남에서 한반도와 비슷한 일이 일어나고 있었어. 베트남도 자본주의 국가인 남베트남과 공산주의 국가인 북베트남으로 쪼개져 있었거든.

"우리 북베트남이 나서서 베트남을 통일합시다!"

북베트남은 전쟁으로 남베트남을 무너뜨리고 베트남 전역에 공산주의 국가를 세우려 했어. 소련과 중국도 북베트남을 도왔지.

베트남이 공산주의 국가가 될 것을 우려한 미국은 재빨리 베트남으로 향했어. 6·25 전쟁 때처럼 자본주의 진영의 다른 국가들도 미국과 남베트남 정부를 도왔지(베트남 전쟁).

그런데 베트남에는 풀과 나무가 빽빽하게 우거진 밀림이 많았어. 곳곳에 숨을 곳이 많아 전쟁 기지로서는 안성맞춤이었지. 베트남 공산주의자들은 동에 번쩍 서에 번쩍 숲과 나무 사이를 넘나다녔어. 밀림에 익숙하지 않은 미국 군인들은 속수무책으로 당할 수밖에 없었지.

미국은 점점 더 무리수를 두게 되었어. 공산주의자들을 잡겠다며 마을에 불을 지르고 민간인들을 학살하는 만행도 서슴지 않았지.

하지만 그럴수록 상황은 미국에게 불리하게 흘러갔어. 전 세계가 미국의 만행을 비판했지. 미국으로서도 더 이상 전쟁을 감당하기 어려운 지경이었어. 결국, 미국은 패배를 인정하고 물러날 수밖에 없었지.

10년 가까이 계속된 전쟁은 북베트남의 승리로 끝났어(1975년). 베트남은 결국 공산주의 국가가 되었지. 자본주의 진영의 우두머리인 미국으로서는 체면을 크게 구긴 셈이었어.

 **용선생의 한 줄 정리**
자본주의와 공산주의의 갈등으로 한국과 베트남에서 전쟁이 일어났어.

소련과 미국의 계속되는 갈등

질문 있어요!

달 착륙은 미국이 먼저 한 거 아닌가요?

인공위성을 쏘아 올린 일, 사람을 우주로 보낸 일은 모두 소련이 앞섰어. 그러자 미국은 단숨에 경쟁에서 앞서기 위해 '아폴로 계획'이라는 이름으로 달 착륙 계획을 세웠지. 1969년 아폴로 11호의 달 착륙으로 미국은 우주 경쟁에서 승리하게 되었어. 미국과 소련의 우주 개발 경쟁 역시 냉전의 일부였던 거야.

냉전 시기 동안 미국과 소련 모두 더 새롭고, 더 위험한 무기를 개발하느라 혈안이었어. 언제 전쟁이 일어나도 이상하지 않을 정도였지. 소련과 미국 모두 핵무기를 갖게 되자, 이제는 핵무기를 어떻게 멀리까지 보내냐 하는 게 관건이 됐어.

1957년, 소련이 인류 최초로 인공위성을 쏘아 올렸다는 소식을 들은 미국은 큰 충격에 빠졌어.

"맙소사, 소련이 벌써 인공위성을 쏘아 올리다니!"

우주에 인공위성을 쏘아 올렸다는 건 핵무기도 지구 반대편까지 정확하게 날려 보낼 수 있다는 의미였거든. 이제 소련은 언제 어디에서든 간편하게 미국을 공격할 수 있게 된 거야.

게다가 소련이 인공위성을 발사할 정도로 우수한 기술력을 가졌다니, 미국은 소련보다 한 발 뒤처졌다는 생각에 자존심이 상했지. 그래서 소련과의 우주 경쟁과 무기 경쟁에 열을 올렸어.

"이러다 정말 핵전쟁이 일어나는 건 아닐까요? 너무 무서워요."

미국과 소련의 경쟁을 지켜보는 전 세계 사람들은 겁에 질렸어. 작은 실수가 핵무기 사용으로 이어지거나, 제3차 세계 대전이 일어날까 봐 조마조마했지.

1962년 **쿠바 미사일 위기**가 일어나면서 우려하던 일이 현실로 다가오기도 했어. 쿠바는 미국 바로 아래에 있는 섬나라야. 공산주의 국가가 된 뒤 줄곧 미국의 위협을 받고 있었지.

"쿠바에 소련 미사일 기지를 세우면 미국도 꼼짝 못 할 거요!"

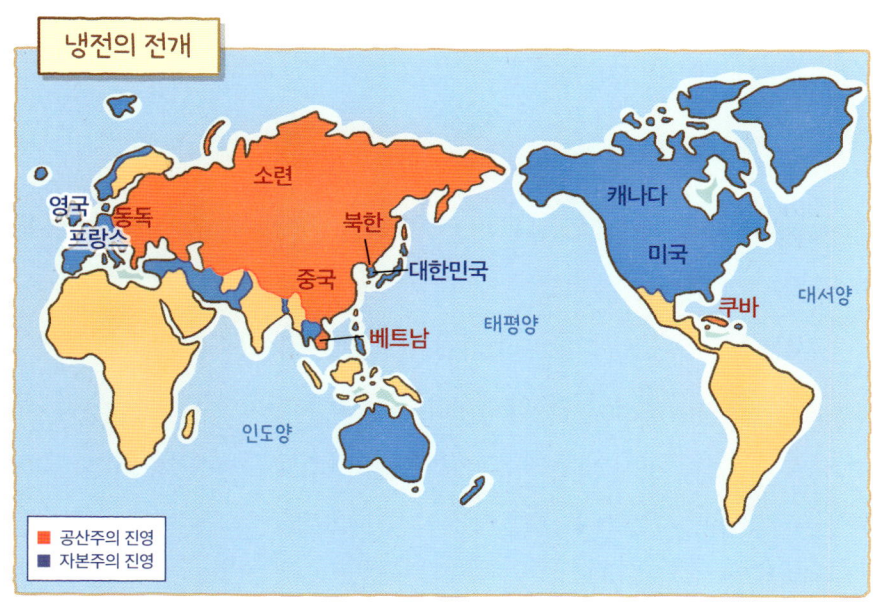

소련은 쿠바에 소련 미사일 기지를 세우면 쿠바와 소련 모두에게 도움이 될 거라고 생각했어. 미국과의 경쟁에서 소련이 유리해질 테고, 미국이 쿠바를 쉽게 위협하지도 못할 거라고 판단한 거야.

이 소식에 미국은 난리가 났어. 쿠바에서는 미국 어느 곳이든 손쉽게 공격이 가능하거든. 말 그대로 일촉즉발의 상황이었어.

"전쟁을 하려는 게 아니라면 당장 철수하시오!"

미국은 단호하게 미사일 기지 철수를 요구했어. 소련을 자극했다가 당장 전쟁이라도 날까 조심스러웠지만, 엎어지면 코 닿을 거리에 소련 미사일 기지를 둘 수도 없는 노릇이었지. 다행히 미국과 소련은 한발씩 양보하기로 했어.

상황이 일단락되자, 마음 졸이던 전 세계 사람들이 가슴을 쓸어내리며 안도했어. 하지만 미국과 소련의 경쟁이 끝난 건 아니었지. 두 나라는 냉전 기간 내내 군사, 경제, 과학 기술은 물론, 스포츠나 예술 분야에 이르기까지 모든 면에서 경쟁을 계속했어. 살얼음을 걷는 듯한 분위기가 이어졌던 거야.

용선생의 한 줄 정리
미국과 소련의 계속된 전쟁으로 전 세계가 긴장했어.

• 냉전으로 국제 사회가 얼어붙다

아시아와 아프리카에서 여러 나라가 독립하다

제2차 세계 대전이 끝나자, 아시아와 아프리카의 식민지들은 독립에 대한 열기로 들썩였어.

"서양 열강은 물러가라! 우리에게 독립을 달라!"

식민지의 독립 운동이 거세게 일어나고 독립 선언이 이어졌지. 유럽의 국가들도 더 이상 해외 식민지를 다스릴 여력이 없었어. 오랫동안 전쟁을 치르느라 경제 사정이 좋지 않았거든. 황폐해진 도시를 복구할 돈도 부족했지.

게다가 식민지를 가지고 있던 많은 열강이 이미 대서양 헌장에 서명한 터였어.

"영토 확장을 비롯한 그 어떤 세력 확장도 하지 않는다."

전쟁이 끝나고 나면 다른 나라의 영토를 탐내거나 식민지를 갖지 않겠다고 이미 약속했던 거야. 대부분의 열강들이 울며 겨자 먹기로 식민지의 독립을 인정해 줄 수밖에 없었지.

결국, 전 세계의 거의 모든 나라가 식민지 상태를 벗어나게 되었어. 하지만 독립 과정은 결코 쉽지 않았지. 극심한 갈등을 겪은 나라도 있고, 열강에 의해 나라가 쪼개진 경우도 있었어.

프랑스의 식민지였던 알제리는 전쟁을 통해 가까스로 독립을 얻어낸 경우였어.

"우리 프랑스는 알제리를 포기할 생각이 없소!"

▲ 프랑스군의 폭격으로 무너진 알제리의 건물

프랑스는 계속해서 알제리를 식민지로 통치하려 했어. 알제리는 프랑스와 가까워서 많은 프랑스 사람들이 정착해 살고 있었거든. 알제리가 원래부터 프랑스 땅이라고 생각할 정도였지.

프랑스에서 완전히 독립하고 싶었던 알제리 사람들은 더욱 거세게 독립운동을 벌였어. 하지만 프랑스가 독립운동을 무력으로 진압하면서 알제리 전쟁이 시작되었지.

알제리가 독립하는 데는 미국과 소련의 대결도 큰 영향을 미쳤어.

"소련은 식민지 독립을 지지하오! 우리가 돕겠소!"

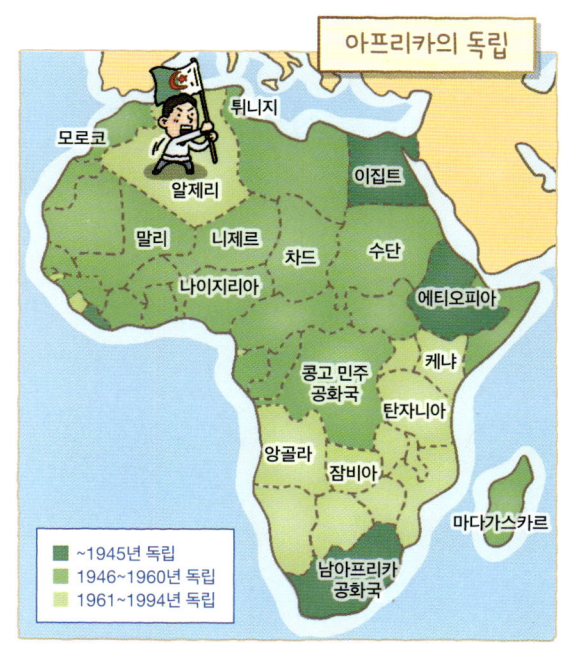

소련은 알제리에 많은 무기를 보내 주었어. 당시 소련은 공산주의 국가들뿐만 아니라, 자본주의 국가에 맞서 싸우는 나라들도 도와주었거든.

그러자 미국도 프랑스에게 알제리를 독립시키라고 압박했어. 미국은 공산주의 국가들이 직접 참전하게 될까 봐 걱정스러웠지. 결국, 미국과 소련 모두가 알제리 독립을 지지한 셈이야.

오랜 전쟁에 프랑스 안에서도 전쟁을 비판하는 목소리가 커지기 시작했어. 결국, 프랑스는 알제리의 독립을 선언할 수밖에 없었지. 대서양 조약의 약속이 무색하게, 알제리는 무려 8년이나 되는 전쟁을 거쳐 독립을 쟁취해 냈어.

한편, 인도는 식민 지배와 종교 갈등으로 큰 희생을 치렀어. 원래 인도는 다양한 종교를 가진 사람들이 서로 존중하고 어울려 사는 나라였지. 하지만 영국인들은 힌두교도들과 이슬람교도들을 차별하고

▲ 진나와 만난 간디
간디는 인도의 이슬람교 정치인 진나를 여러 차례 만나 인도 분리 독립을 막으려 했지만, 실패했어.

이간질했어. 인도인들끼리 헐뜯고 싸울수록 영국인들이 인도를 다스리기가 더 수월했기 때문이었지.

　영국이 부추긴 종교 갈등은 쉽게 사그라지지 않았어. 결국, 인도는 두 개의 나라로 쪼개져 독립을 맞았지(1947년).

　"우리 이슬람교도는 영국과 힌두교도 모두로부터 독립하겠소!"

　이슬람교도들이 많이 살던 지역에 '파키스탄'이라는 새로운 국가가 세워졌고, 파키스탄을 떼어 낸 지역만이 인도라는 이름으로 독립한 거야.

　나라가 쪼개지면서 많은 이들이 고향을 떠나야 했어. 파키스탄 땅에 살던 힌두교도들은 인도 땅으로, 인도 땅에 살던 이슬람교도들은 파키스탄 땅으로 이주했지. 또 이 과정에서 수백만 명의 사람들이 목숨을 잃고, 수천만 명의 사람들이 집과 가족을 잃었어.

　오늘날까지도 인도와 파키스탄은 사이가 좋지 않아. 틈만 나면 서로 견제하는 데다가, 영토를 차지하기 위해 무력 분쟁이 일어나기도 하지. 제국주의가 공식적으로 막을 내린 지 오랜 시간이 지났지만, 그 후유증은 아직도 세계에 큰 영향을 미치고 있는 거야.

▲ 인도의 독립과 분열
동파키스탄은 1971년 방글라데시로 다시 독립했어.

용선생의 한 줄 정리
전 세계의 많은 식민지가 독립을 얻었지만, 열강들이 남긴 여러 후유증으로 쉽지 않은 독립 과정을 거치게 됐어.

제3 세계의 형성과 전쟁을 반대하는 목소리

미국과 소련은 다른 나라들을 자기편으로 만들려고 갖은 노력을 기울였어. 경제 성장을 도와주기도 하고, 군사적인 도움을 주기도 하면서 말이야. 두 나라는 특히 식민 지배에서 갓 벗어난 약한 나라에 공을 들였어.

하지만 새로 독립한 나라들 가운데는 더 이상 강대국들의 싸움에 휘말리고 싶지 않은 나라도 있었지.

"누구 편도 들지 않고 우리끼리 잘 살 방법을 찾아봅시다!"

1955년, 29개의 나라가 모여 자본주의와 공산주의 어느 편도 들지 않는 국가들의 모임을 만들었어. 인구가 많고 덩치가 컸던 인도가 지휘봉을 들었지.

이들은 스스로를 ★교과서 핵심어 **제3 세계** 국가라고 불렀어. 미국과 소련 중 어떤 나라와도 동맹을 맺지 않은 국가, 자본주의 진영과 공산주의 진영 어느 쪽에도 속하지 않은 국가라는 의미였지.

"모두가 한목소리를 내면 힘이 약하다고 무시하지 못할 거요!"

미국과 소련은 계속해서 으르렁댔지만, 제3 세계 국가들의 의견도 무시할 수 없었어. 제3 세계 국가들은 세계 인구의 절반을 차지할 정도로 규모가 컸거든.

1960년대 후반부터는 전쟁에 반기를 드는 사람들의 목소리도 점점 커지기 시작했어.

제3 세계에는 어떤 나라들이 속해 있나요?

제3 세계에는 인도, 이집트, 인도네시아, 파키스탄, 사우디아라비아 등이 속했어. 이외에도 사회주의 국가이지만 소련과 거리를 두려고 했던 유고슬라비아 등도 제3 세계에 참여했지.

두두두두! 쿵! 1968년 텔레비전을 보던 미국과 유럽의 젊은이들은 큰 충격에 빠졌지. 전쟁 중인 베트남의 모습을 담은 영상 때문이었어. 영상이 너무나도 생생해서 바로 옆에서 전쟁이 일어나고 있는 것만 같았지.

"세상에! 전쟁이 이토록 참혹한 것일 줄이야…."

세계 대전이 끝난 뒤 태어난 젊은이들에게는 처음으로 접하는 전쟁이었거든. 평화롭고 풍요롭게 사는 걸 당연하게 여긴 세대이기 때문에 더욱 큰 충격을 받았지.

젊은이들은 전 세계 모든 사람이 자유와 평화를 누릴 수 있어야 한다고 생각했어. 자유와 평화를 위협하는 전쟁은 절대 해서는 안 된다고 말이야. 자본주의와 공산주의처럼 생각이 다른 나라들 사이에도 말이지.

"무기 경쟁을 멈춰라! 자유와 평화를 보장하라!"

젊은이들은 거리로 나갔어. 베트남 전쟁은 물론이고, 전 세계가 미국의 자본주의와 소련의 공산주의로 편을 나눠 무기 경쟁을 벌이는 것도 그만두라고 외쳤지.

냉전이 하루아침에 막을 내리기는 어려웠어. 하지만 냉전을 끝내야 한다는 생각들은 세계 곳곳에서 조금씩 싹트고 있었던 거야.

용선생의 한 줄 정리

젊은이들을 중심으로 전쟁에 반대하는 목소리가 높아지면서 냉전을 끝내야 한다는 생각들이 조금씩 싹텄어.

교과서에 나오는 중요한 내용을 정리했어!

수재의 세계사 노트

냉전 체제의 형성	냉전 체제의 성립	① 제2차 세계 대전 이후 자본주의를 대표하는 미국과 공산주의를 대표하는 소련 사이에 **냉전** 체제가 성립 ② 서유럽 국가들은 **북대서양 조약 기구**를, 동유럽 국가들은 **바르샤바 조약 기구**를 결성
냉전의 확산	유럽과 아메리카	① 독일이 **동독**과 **서독**으로 나뉜 뒤, 수도 베를린에는 베를린 장벽이 설치됨 ② 소련이 쿠바에 미사일 기지를 세우려 하자, 미국이 반발하면서 전쟁 위기(**쿠바 미사일 위기**, 1962년)
	아시아	① 중국 국민당과 공산당 간에 **국공 내전**이 발생 (1946년) ② 한국에서 공산주의 정부인 북한과 자본주의 정부의 남한이 **6·25 전쟁**을 벌임(1950년) ③ 공산주의 정부인 북베트남과 자본주의 정부인 남베트남이 **베트남 전쟁**을 벌임(1964년)
새로운 국가의 등장	식민지 국가의 독립	① 제2차 세계 대전 뒤 대부분의 식민지가 독립 ② 인도가 종교 갈등으로 **인도**와 **파키스탄**으로 나누어져 독립(1947년)
	반전의 목소리	① 자본주의와 공산주의 진영에 속하지 않는 **제3 세계** 등장 ② 베트남 전쟁 이후 반전 움직임이 커짐

세계사 능력 시험

01 ㉠, ㉡에 들어갈 내용을 바르게 짝지은 것은 무엇일까? (   )

	㉠	㉡
①	공산주의	사회주의
②	공산주의	자본주의
③	자본주의	공산주의
④	자본주의	민족주의

02 다음 사건 뒤에 일어난 일로 알맞은 것은 무엇일까? (   )

> 베를린은 소련이 차지한 지역 내에 있다. 이에 따라 우리는 주민과 이익을 보호하기 위해 미국·영국·프랑스의 행위를 막을 것이다. 이에 우리는 베를린에 진입하는 교통을 막기로 결정했다.

① 대공황이 일어났어요.
② 베를린 장벽이 세워졌어요.
③ 제2차 세계 대전이 일어났어요.
④ 독일이 소련과 불가침 조약을 맺었어요.

03 다음 인물에 대한 설명으로 알맞은 것은 무엇일까? (   )

> 나는 국민당을 몰아내고 중화 인민 공화국을 세웠어요.

① 양무운동을 전개했어요.
② 아편 전쟁을 일으켰어요.
③ 대약진 운동을 펼쳤어요.
④ 변법자강 운동을 벌였어요.

시험에 잘 나와!

04 다음 중 (가)에 들어갈 내용으로 가장 알맞은 것은 무엇일까? (   )

① 제3 세계의 형성
② 냉전 완화의 계기
③ 아프리카의 독립운동
④ 냉전 시기 아시아의 열전

05 다음 백과사전에서 볼 수 있는 내용으로 알맞지 않은 것은 무엇일까? (   )

[백과사전]

알제리

종교 이슬람교
역사
알제리는 ㉠ 제2차 세계 대전 이후에도 프랑스의 식민지에서 벗어나지 못했다. 이에 ㉡ 알제리 국민들은 독립운동을 일으켰으나, 프랑스는 무력으로 진압했다. 한편 ㉢ 소련이 프랑스를 지원해 주자, ㉣ 미국은 프랑스에 알제리를 독립시키라고 압박했다. 마침내 1962년, 알제리는 8년간의 전쟁 끝에 독립을 이뤄냈다.

① ㉠   ② ㉡   ③ ㉢   ④ ㉣

06 다음 질문에 대한 답으로 알맞은 것은 무엇일까? (   )

① 종교 갈등이 심해졌기 때문이에요.
② 노예 제도 문제로 대립했기 때문이에요.
③ 신분제 폐지 문제로 대립했기 때문이에요.
④ 미국이 인도의 영토를 분리했기 때문이에요.

 시험에 잘 나와!

07 빈칸에 들어갈 나라로 알맞은 것은 무엇일까? (   )

미국과 소련의 경쟁이 심화되던 때에 소련이 _____에 미사일 기지를 세우려고 하자 두 나라 사이에 전쟁의 기운이 감돌았어요.

① 독일   ② 영국
③ 중국   ④ 쿠바

08 질문에 대한 답변으로 알맞은 것은 무엇일까? (   )

① 나치당
② 제3 세계
③ 국제 연합
④ 파시스트당

유대인의 나라 이스라엘이 세워지다

제1차 세계 대전이 한창이던 1917년, 영국은 같은 편을 늘리기 위해 고심하고 있었다.

어떻게든 동맹을 만들어야 하는데…!

그때 유대인들이 영국의 눈에 들어왔다. 나라 없는 민족이었던 유대인은 상업에 눈이 밝아서 돈이 많기로 유명했다.

돈이 많으면 뭐하나? 나라가 없는데~

어디 보자… 유대인들 고향이 팔레스타인이라고 했던가?

우리 영국을 지원해 주시오! 그럼 전쟁이 끝나고, 유대인의 나라를 만들어 드리지!

그거 좋군요. 약속은 꼭 지키셔야 합니다?

그런데 전쟁이 끝나고, 영국이 같은 땅을 두고 아랍인에게도 똑같은 약속을 했다는 것이 밝혀졌다. 영국은 오스만 제국과 싸우기 위해 아랍인의 도움도 얻으려 했던 것이다.

우리나라를 세우기로 했는데?

우리나라도 세우기로 했는데?

험험… 난 잠깐 화장실 좀~

둘이 알아서 해~

끝나지 않은 분쟁의 역사

국제 연합(UN)이 이스라엘의 건국을 인정한 이후에도 여러 차례 이스라엘과 아랍 국가 사이에 전쟁이 일어났어. 그런데 아랍 국가들 가운데는 산유국도 많아서 전쟁의 영향으로 석유 가격이 폭등해 세계 경제가 큰 혼란을 겪어야 했지. 현재까지도 이 지역의 갈등은 해소되지 않고 세계 평화에 불안 요소가 되고 있단다.

4 현대 사회의 세계 질서

화해의 분위기가 무르익다

냉전이 시작된 지도 수십 년, 미국과 소련은 점점 지쳐 갔어. 냉전을 유지하는 데 어마어마한 비용이 들었거든. 그런 와중에 전쟁을 반대하는 반전 운동이 크게 일어나자, 두 나라는 경쟁을 계속하기가 더욱 부담스러워졌지.

결국, 미국과 소련은 서로를 향해 화해의 손길을 내밀기 시작했어.

"더 이상 아시아에서 소련과 불필요한 경쟁을 하지 않겠소!"

1969년, 미국의 대통령 닉슨은 아시아에서 일어나는 냉전 갈등에 간섭하지 않겠다고 선언했어. 아시아에서 일어나는 일들은 아시아 국가들이 스스로 해결할 문제라면서 말이지. 닉슨은 이 선언을 지키기 위해 베트남 전쟁에서 미군을 철수시켰어.

미국과 소련은 냉전 내내 계속되었던 무기 경쟁도 멈추기로 했어. 서로를 겨냥하던 핵무기와 미사일을 그만 만들자고 약속했지.

닉슨은 소련뿐만 아니라 중국과도 관계를 개선하려고 노력을 기울였어. 이전까지만 해도 미국은 중국을 국가로 인정하지도 않고 아무런 교류도 하지 않았거든.

"중국에 오신 미국 선수 여러분을 환영합니다!"

1971년, 미국 탁구 선수들이 직접 중국에 가서 친선 경기를 치렀어. 중국 사람들이 좋아하는 탁구 경기를 함께하며 얼었던 분위기를 녹여보려 한 거지.

이 전략은 먹혀들었어. **핑퐁 외교**라는 말이 생길 정도였지. 두 나라의 관계가 좋아져서, 1972년에는 닉슨 대통령이 직접 중국에 방문하기까지 했어.

리처드 닉슨
(1913년~1994년)
미국의 대통령이야. 1968년에 당선된 후 1969년 아시아에서 일어나는 갈등에 한발 물러서겠다고 선언했지. 이 선언을 '닉슨 독트린'이라고 해.

▲ 중국의 지도자 마오쩌둥과 악수하는 미국의 닉슨 대통령

"미국과 중국도 이제 서로 교류하면서 사이좋게 지내봅시다!"

1979년에는 미국과 중국이 **수교**를 맺기에 이르렀어. 중국은 미국의 수도 워싱턴에, 미국은 중국의 수도 베이징에 대사관을 두고 자주 교류하기로 했지.

이 무렵, 유럽에서도 냉전을 완화하려는 움직임이 나타났어. 서독이 동독을 비롯한 동유럽 공산주의 국가들을 정식으로 인정하고 교류하기 시작한 거야. 서독과 동독은 국제 연합에 나란히 가입했어. 베를린 장벽이 세워지면서 완전히 끊겨 버렸던 전화와 우편도 주고받기 시작했지.

1970년대 들어 냉전이 완화되는 분위기를 ★교과서 핵심어 **데탕트**라고 해. 프랑스어로 휴식을 뜻하지. 그 말처럼 세계 곳곳에서 냉전의 분위기가 누그러지고 화해의 물결이 일자, 사람들은 냉전이 끝나고 진정한 평화가 찾아올지도 모른다는 희망을 품기 시작했어.

> **곽두기의 용어 사전**
>
> **수교**
> 두 나라가 정치적, 경제적, 문화적으로 관계를 맺는 걸 말해.

> **용선생의 한 줄 정리**
>
> 1960년대 후반부터 냉전에 반대하는 목소리가 커지면서 화해 분위기가 조성되었어.

베를린 장벽이 무너지고, 소련이 해체되다

"미국과의 무기 경쟁을 멈추고, 소련을 개혁하겠소!"

1985년, 소련의 지도자 고르바초프가 냉전 경쟁을 멈추겠다고 선언했어. 자본주의 경제의 장점들을 받아들이고, 공산당이 아닌 정당도 활동할 수 있도록 정치적인 자유도 허락해 주겠다는 것이었지.

고르바초프는 더 이상 소련 경제가 망가지는 걸 보고만 있을 수 없었어. 미국과의 경쟁에 돈을 쏟아붓는 동안 소련은 더 가난해지고 있었거든. 소련의 기술력도 미국의 기술을 흉내조차 낼 수 없을 정도로 뒤쳐진 지 오래였지.

소련이 냉전 경쟁을 그만둔다는 건, 소련이 꽉 쥐고 있던 동유럽 국가의 나랏일에도 더 이상 간섭하지 않는다는 말이었어. 그러자 소련의 눈치를 보던 동유럽 사람들이 길거리로 나가 동유럽의 개혁과 개방을 요구하기 시작했지.

"동유럽에도 자유를!"

공산주의 국가들이 시위를 막아 보려 했지만, 동유럽에 불기 시작한 자유의 바람은 쉽게 그치지 않았어. 결국, 동유럽의 공산주의 국가들도 하나둘 자본주의와 민주주의를 받아들일 수밖에 없었지.

변화의 바람이 가장 극적으로 분 것은 독일이었어. 동독 사람들은 서독에 자유롭게 방문하여 교류할 수 있기를 희망했지. 1989년 한 해에만 20만 명이 넘는 사람들이 동독을 탈출해 서독으로 도망갈 정도였거든.

거센 시위와 탈출이 계속되자, 동독 정부는 동독 사람들이 서독으로 자유롭게 여행을 갈 수 있도록 허락해 주었어. 하지만 동독 사람

미하일 고르바초프
(1931년~2022년)
소련의 지도자야. 소련의 개혁, 개방을 선언하고 미국과의 대결을 끝내자고 주장했지.

들은 여행만으로는 만족하지 않았지. 베를린 장벽을 없애고 자유롭게 왕래할 수 있기를 바란 거야.

"모두 나가 힘을 모으자! 다 같이 장벽을 부수자!"

참다못한 동베를린 사람들이 망치를 들고 베를린 장벽을 직접 부수기 시작했어. 소식을 들은 서베를린 사람들도 곧장 망치를 들고 나섰지. 장벽을 지키는 군인들이 있었지만, 삽시간에 모여든 수십만 인파에 놀라 멀뚱히 지켜볼 수밖에 없었어.

정말 거짓말 같은 장면이었어! 수십 년간 얼어붙었던 세계가 녹아내리는 순간이었지. 그렇게 냉전의 상징이었던 베를린 장벽이 무너졌어. 동독 서독 할 것 없이 모두가 한마음 한뜻으로 힘을 합친 덕분이었지(**베를린 장벽 붕괴**, 1989년). 독일 사람들은 무너진 장벽 앞에서 서로를 부둥켜안으며 환호했어.

미국과 소련도 냉전이 끝났다고 공식적으로 선언했어.

"냉전과 갈등의 시대는 지나갔습니다. 이제는 평화와 협력의 시대입니다!"

▶ 붕괴된 베를린 장벽

미국과 소련의 지도자들이 손을 잡고 웃으며 화해하는 모습이 텔레비전을 통해 전 세계 곳곳에서 방송되었지. 사람들은 드디어 찾아온 평화의 시대를 기쁜 마음으로 환영했어.

　하지만 소련 공산당에는 아직도 개혁 개방에 반대하고 군사 경쟁을 계속해야 한다고 생각하는 사람들이 있었어. 이들은 고르바초프가 소련을 망치고 있다고 생각했지. 그래서 쿠데타를 일으켜 고르바초프를 가둬 버렸어.

　이 소식을 들은 소련 사람들은 거리로 나와 소련 공산당을 비판했어.

　"공산당에 반대한다! 고르바초프를 풀어달라!"

　결국, 고르바초프는 풀려났고, 소련 공산당의 힘은 훨씬 더 약해지고 말았지. 소련에 강제로 속해 있던 여러 나라들까지 독립을 요구하기 시작했어.

　1991년 12월에는 마침내 **소련의 해체**를 선언하기에 이르렀어.

　"모든 공화국들의 독립을 승인합니다. 소련은 해체되었습니다!"

　러시아를 비롯한 15개 나라가 모두 독립하고, 그중 11개 나라는 독립 국가 연합을 만들어 서로 협력하기로 했지. 현대사의 중요한 축이었던 소련이 세계 지도에서 완전히 사라져 버린 거야.

용선생의 한 줄 정리
냉전이 완전히 막을 내리고, 공산주의 진영을 이끌던 소련이 해체되었어.

중국이 개혁 개방 정책을 시행하다

중국에서도 경제 성장에 대한 요구가 점차 높아지고 있었어. 1970년대 후반까지도 중국의 경제는 이루 말할 수 없을 정도로 피폐했거든. 마오쩌둥에 이어 중국의 새로운 지도자가 된 덩샤오핑은 **개혁 개방**을 선언했어.

"자본주의든 공산주의든 잘 먹고사는 게 중요하오!"

공산주의 체제는 그대로 유지하되, 경제 분야에서 자유로운 경제 활동을 허락해서 경제를 성장시키겠다는 생각이었지. 덩샤오핑은 농민들이 자유롭게 농사를 짓고 농산물을 판매할 수 있게 해 주었어. 농민들이 농사짓는 땅은 여전히 국가의 소유였지만 말이야.

또, 외국인들이 중국에 공장을 세우고 투자할 수 있게 해 주었어. 교통이 좋은 해안을 따라 **경제특구**를 설치하고, 공장을 세우는 외국 기업에 많은 특혜를 주었지.

"중국에 공장을 세우세요! 중국 정부가 적극 지원합니다!"

덩샤오핑은 외국의 투자를 받기 위해 직접 중국 홍보에 나서기도 했어. 중국에는 넓은 땅, 풍부한 자원, 많은 인구가 있어서 저렴하고 신속하게 많은 물건을 만들 수 있다고 선전했지.

기업들은 공산주의 국가에 투자했다가 공장 시설을 빼앗길까 봐 걱정했어. 하지만 최고 지도자인 덩샤오핑이 나서서 약속하니 귀가 솔깃했지. 무엇보다 중국의 저렴한 임금에 큰 매력을 느꼈어.

처음에는 연필이나 나무젓가락처럼 단순한 물건을 만드는 공장들이 세워졌어. 그러다 점차 컴퓨터와 자동차 같은 복잡한 제품도 중국에서 만들기 시작했지.

덩샤오핑
(1904년~1997년)
마오쩌둥을 이어 중국을 이끌었어. 개혁과 개방을 통해 중국의 경제를 크게 성장시켰지.

곽두기의 용어 사전

경제특구
기업들의 경제 활동을 지원하기 위해 특별한 정책을 적용하는 지역이야.

"중국은 이제 못 만드는 게 없다고!"

2000년대에 들어서면서부터는 전 세계 사람들이 중국에서 만든 물건 없이는 살 수 없다고 해도 과언이 아니게 되었어. 덕분에 중국은 **세계의 공장**이라는 별명을 얻었지.

그만큼 중국의 경제도 이전과는 비교할 수 없을 만큼 급격히 성장했어. 더불어 중국의 과학 기술도 발전했지. 이제는 중국 기업들도 최첨단 제품들을 척척 만들 수 있게 되었어. 중국은 이제 옛날의 중국이 아니었어. 미국과 함께 세계 경제를 주도하는 경제 강국으로 거듭났지.

하지만 중국의 미래가 장밋빛인 것만은 아니야. 경제가 급격히 성장하면서, 극심한 빈부격차로 몸살을 앓고 있거든. 발전한 도시의 부유한 사람과 농촌에 사는 가난한 사람의 차이가 더 크게 벌어진 거지.

게다가 공장에서 나오는 매연과 폐수로 환경 문제가 심각해졌어. 미세먼지가 심해 한 치 앞을 볼 수가 없고, 수질 오염도 심각해서 물고기들이 떼죽음을 당하기도 해. 오늘날 중국의 환경 문제는 중국을 넘어 세계가 함께 고민하는 문제가 되었어.

용선생의 한 줄 정리
중국의 경제는 개혁 개방 정책으로 1980년대 이후 급성장했어.

하나의 유럽을 향하여

제2차 세계 대전이 끝난 직후 유럽은 폐허나 다름없었어. 도시와 공장이 파괴되었고, 집과 직장을 잃고 굶주리는 사람이 거리에 넘쳐 났지.

"다시는 우리끼리 싸우는 일 없도록 힘을 모아 봅시다!"

유럽 사람들은 서로를 향해 총을 겨누지 않고, 함께 협력하면서 모두가 평화롭게 살 방법을 찾자고 약속했지. 그러한 노력은 경제 분야에서부터 시작되었어.

"철강과 석탄을 다 같이 생산하고 관리하는 게 어떻겠소?"

프랑스와 독일을 포함한 6개 나라는 **유럽 석탄 철강 공동체**를 만들었어. 석탄과 철강은 공장을 돌리고 기계를 만드는 데 꼭 필요한 자원이거든. 국가들끼리 석탄과 철강이 풍부한 땅을 차지하려고 티격태격하는 경우가 많았지.

그런데 석탄과 철강을 함께 생산하고 관리하자, 서로 더 많은 자원을 차지하거나 땅을 빼앗으려고 다투는 일이 일어나지 않았어. 그리고 회원국의 경제는 더욱 빠르게 성장했지. 공유하고 협력하면 싸우지 않고도 다 같이 잘 살 수 있다는 걸 알게 된 거야.

"회원국들끼리 무역하는 물건에는 세금을 없애는 게 어떨까요?"

유럽 국가들은 협력의 성과를 더욱 크게 누리고 싶었어. 그래서 이번에는 철강과 석탄뿐 아니라, 모든 물건을 세금 부담 없이 사고파는 **유럽 공동체**를 만들어 보기로 했지.

▲ 유럽 연합의 화폐인 유로

유럽 공동체에 속한 국가들은 마치 한 나라가 된 듯 활발하게 물건을 사고팔았지. 서로 잘 만들 수 있는 물건에 집중하니 경제도 훨씬 가파르게 성장했어.

그러자 많은 나라가 유럽 공동체의 일원이 되고 싶다며 가입을 요청했어.

"우리도 끼워 주시오! 우리도 같이 협력하고 싶소!"

처음부터 참여하던 국가들도 새로운 국가들을 마다할 이유가 없었어. 참여하는 국가가 많아질수록 협력 효과도 더 커질 테니 말이야.

마침내 1993년 유럽 공동체는 **유럽 연합**이라는 이름으로 재탄생했어. 경제뿐만 아니라 정치적인 면에서도 하나의 나라처럼 뭉치게 된 거야.

유럽 연합의 법을 만드는 의회와 유럽 연합의 화폐인 '유로'를 관리하는 은행이 생겨났어. 이제 유럽 사람들은 **여권**을 챙기거나 **환전**을 하지 않아도, 옆 동네 놀러 가듯 간편하게 유럽 전역을 여행할 수 있게 되었어. 독일에 사는 사람이 프랑스까지 훌쩍 운전해 가서, 늘 사용하던 유로 화폐로 맛있는 식사를 즐기고 올 수 있는 거지.

"국경도 없으니 유럽 전체가 한 나라처럼 느껴져!"

오늘날 유럽 연합은 27개국이 참여하여 미국과 중국에 이어 세계 3위 수준의 경제력을 가진 거대한 공동체가 되었어. 이들은 서로 머리를 맞대고 크고 작은 문제들을 해결해 나가고 있지.

 곽두기의 용어 사전

여권
외국을 여행할 때 사용하는 신분증이야.

환전
우리나라 돈을 외국 돈으로 바꾸는 일처럼 종류가 다른 화폐를 교환하는 일을 말해.

 **용선생의 한 줄 정리**
유럽 지역은 전쟁 이후 여러 과정을 거쳐 하나의 나라처럼 움직이는 유럽 연합을 탄생시켰어.

더욱 가까워지는 세계

"우리 지역도 하나의 시장을 만들어 봅시다!"

유럽이 하나의 시장으로 똘똘 뭉쳐 경제를 성장시키자, 다른 국가들도 자극을 받았어. 이웃 나라들과 자유롭게 무역할 수 있다면 모두에게 좋을 거라고 생각했지.

아시아 태평양 지역과 북아메리카 대륙의 몇몇 나라들이 먼저 이웃 나라들과 **자유 무역** 협정을 체결했어. 가까운 나라들끼리는 관세를 낮추거나 없애서, 무역 장벽 없이 싼 가격으로 물건을 사고팔자고 약속한 거야.

"전 세계가 자유롭게 교역하면 훨씬 좋겠는걸요?"

자유 무역을 경험한 나라들은 무역 장벽이 없어야 수출이 늘고 경제가 성장한다는 걸 알게 되었어. 그래서 지역을 넘어 전 세계적인 차원에서 자유 무역이 이루어지길 바라게 되었지.

특히 미국이 다른 나라를 설득하는 데 열심이었어. 미국은 농업부터 최첨단 산업까지 다양한 산업이 세계 최고 수준이어서 수출에 유리했거든. 그래서 자유롭게 무역할수록 미국 경제에 더 큰 이익이 될 거라고 생각한 거야.

미국이 적극적으로 나선 덕에, 1995년 **세계 무역 기구**가 설립되었어. 전 세계적으로 완전한 자유 무역을 실현해 경제 발전에 이바지하겠다는 큰 꿈을 가진 국제기구였지. 세계 무역 기구는 회원국들이 지켜야 할 무역의 원칙을 정하고 무역 분쟁

질문 있어요!

우리나라도 자유 무역 협정을 체결했나요?

자유 무역은 영어 약자로 FTA(Free Trade Agreement)라고도 해. 우리나라는 세계 많은 나라와 협정을 체결했어. 미국, 캐나다, 칠레, 중국, 베트남, 호주, 인도, 유럽 연합 등과 협상이 체결되었지. 나라마다 각 사정에 맞춰 무역 장벽과 법안을 만들었어.

▼ 스위스 제네바에 위치한 세계 무역 기구 본부

을 조정하는 역할을 하고 있어.

　국경을 넘나들며 사업하는 다국적 기업들도 늘어났어. 세계 여러 나라를 거치며 물건을 만들고 세계 시장에서 제품을 판매하는 기업들이지. 우리가 떠올릴 수 있는 대기업 대부분이 다국적 기업들이야.

　다국적 기업의 활동이 활발해지면서 우리는 세계 곳곳에서 생산된 물건들을 쓰고 있어. 대한민국에 살면서 브라질에서 만든 옷을 입고, 동남아시아에서 수입한 열대 과일을 먹고, 할리우드 영화를 즐길 수 있는 게 바로 자유 무역과 **세계화** 덕분이라고 할 수 있지.

　하지만 자유 무역과 세계화가 꼭 좋은 것만은 아니야. 세계화 덕분에 더 성장한 나라도 있지만, 더 가난해진 나라도 있어. 다국적 기업들이 가난한 나라의 자원과 인력을 싼값에 사용하고, 그렇게 만든 제품들은 비싼 값으로 팔고 있거든. 이 때문에 나라들 사이의 빈부 격차는 점점 더 심해지고 있지.

　게다가 국가들 사이의 경제 관계가 촘촘하게 연결되면서, 한 나라의 경제 위기가 다른 나라에도 큰 영향을 미치게 되었어. 1997년에는 태국에서 시작된 외환 위기가 순식간에 우리나라를 비롯한 아시아 전역을 휩쓸기도 했지. 2008년에는 미국에서 시작된 금융 위기가 전 세계적인 **경기 침체**를 가져오기도 했어. 세계화의 또 다른 얼굴인 셈이야.

> **곽두기의 용어 사전**
>
> **경기 침체**
> 기업들의 활동이 떨어지고, 실업자가 늘어나서 소비자들은 쓸 돈이 없어지는 등 전반적으로 경제가 어려운 상황을 말해.

용선생의 한 줄 정리
자유 무역과 세계화로 세계가 더욱 가까워지고 있어.

• 현대 사회의 세계 질서

지속 가능한 발전을 위하여

"경제 성장만이 살 길이오! 경제 성장에 힘을 보탭시다!"

산업 혁명이 시작된 18세기 말 이후로 전 세계는 경제 성장에 열을 올렸어. 잘사는 나라가 되려면 더 많은 공장을 세우고 더 많은 물건을 생산해야 한다고 생각했지.

국민들도 적극적으로 동참했어. 산업과 경제가 성장할수록 윤택한 삶을 누릴 수 있었거든. 다양한 물건들을 저렴한 가격에 구매하면서 편리하게 살 수 있으니 말이야.

하지만 공장을 짓고 물건을 소비할수록 환경은 파괴되었어. 광물 자원을 채취하느라 산과 들이 황폐해지고, 공장에서는 매연과 폐수가 뿜어져 나왔지. 사람들이 버린 쓰레기들도 산처럼 쌓여 갔어.

20세기 이후 그 영향은 피부로 직접 느낄 정도가 되었지. 물과 공기가 오염된 건 물론이고, 예전에는 경험하지 못했던 홍수나 가뭄, 폭염이나 폭설 같은 기상 이변이 자주 나타났거든. 무엇보다 심각한 문제는 **지구 온난화**였어. 석탄이나 석유 등 화석 연료를 태울 때 나오는 온실가스가 지구의 온도를 계속 높였거든.

지구 온난화는 인류의 생존에도 위협이 되었어. 빙하가 녹고 섬이 바닷물에 잠기면서 많은 사람이 삶의 터전을 잃었지. 기후 변화에 적응하지 못한 수만 종의 동물과 식물도 멸종해 버렸어. 멸종해 버린 동식물에 의존하던 사람들의 생활도 덩달아 위태로워졌고 말이야.

사람들은 환경을 무시하고 경제 성장만 중요하게 여겼던 지난날을 반성했어. 환경이 망가져 버린다면 인간도 살 수 없다는 걸 몸소 깨달은 거지.

"환경이 망가진다면 경제도 망가집니다. 이런 식의 경제 성장은 계속될 수 없습니다!"

보다 못한 과학자들이 경고에 나섰어. 환경 오염과 자원 **고갈**을 무시한 채 경제 성장에만 몰두하다가는 머지않아 경제 성장조차 어려워질 거라는 무시무시한 경고였지.

국제 연합을 비롯한 국제 사회도 이 문제에 깊이 공감했어. 지구는 미래 세대에게 잠시 빌려 쓰는 것이니, 지구의 환경과 자원을 아끼고 보호해야 한다는 생각이 싹텄지.

마침내 국제 사회는 **지속 가능한 발전**을 선언했어. 예전처럼 환경이 파괴되더라도 경제만 성장시키자는 것이 아니라, 환경을 보호하고 가꾸면서 동시에 경제를 성장시키자고 약속한 거야.

"전 세계가 함께 힘을 모아 지구를 지켜야 합니다!"

환경 문제는 어느 한 나라의 노력만으로는 해결할 수 없어. 그래서 국제 사회는 모두 힘을 합쳐 문제를 해결하기 위해 여러 차례 협약을 맺어 함께 노력하고 있지. 대표적인 노력이 2015년의 **파리 협정**이야. 국제 연합 회원국의 정상들은 프랑스 파리에서 만나 온실가스 배출을 줄이자고 약속했어.

하지만 환경 문제 해결은 여간 어려운 게 아니야. 나라마다 처한 상황도 다 다르기 때문에 갈등을 좁히는 데도 어려움이 있지. 선진

곽두기의 용어 사전

고갈
자원을 다 써서 없어진 걸 말해.

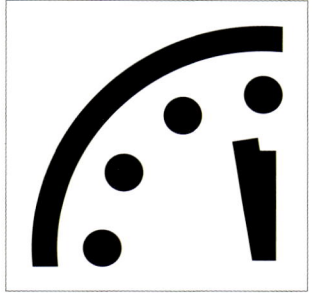
▲ 운명의 날 시계
Doomsday Clock
인류의 여러 위기를 경고하기 위해 만든 시계야. 처음에는 핵전쟁 위협을 경고하기 위한 것이었는데, 2007년 이후로는 기후 위기가 주요 위협 요인이 되었지. 이 시계에 따르면 자정까지 2분 정도밖에 남지 않았는데, 자정은 지구 파멸의 순간을 의미한다고 해.

국은 한창 경제 개발 중인 **개발 도상국**에 환경 보호 정책을 요구하는 반면, 개발 도상국은 그동안 환경을 오염시키면서 경제를 성장시킨 선진국에 더 많은 책임을 묻고 있어.

아직도 온실가스 배출을 줄이기 위해 많은 노력이 필요하지만, 모든 나라가 지구 온난화가 전 세계적인 문제라는 걸 인정하고, 힘을 합쳐 환경을 지키자는 방향에 동의한 것은 큰 의미가 있어. 이렇게 오늘날 세계는 환경 문제라는 새로운 위기에 맞서 싸우기 위해 그 어느 때보다 똘똘 뭉치고 있단다.

 곽두기의 용어 사전

개발 도상국
경제 개발이 선진국에 비해 뒤떨어진 나라를 말해. 제2차 세계 대전 이후 독립한 많은 나라들이 여기에 속하지. 예전에는 '후진국'이라는 말을 썼는데, 지금은 '개발 도상국'으로 바꿔 쓰고 있어.

용선생의 한 줄 정리
미래 세대까지 발전을 계속해 나가기 위해서는 지구 환경 문제를 해결하는 데 힘을 모아야 해.

수재의 세계사 노트

교과서에 나오는 중요한 내용을 정리했어!

냉전 체제의 해체	냉전의 완화 (데탕트)	① 미국이 베트남 전쟁에서 철수 ② 미국이 중국과 수교를 맺고 교류
	냉전의 종식	① 냉전의 상징이었던 독일의 **베를린 장벽**이 붕괴 (1989년) ② 소련의 **고르바초프**가 개혁·개방 정책을 추진 ③ 공산주의를 이끌던 소련이 해체(1991년)
새로운 세계 질서	중국의 경제 개방	① **덩샤오핑**이 **경제특구**를 설치 ② 외국 기업에 특혜를 주는 등 개방 정책을 추진
	유럽 연합의 탄생	① 유럽 국가들이 **유럽 공동체**를 만들어 협력 ② 유럽 공동체가 **유럽 연합**으로 재탄생(1993년)
오늘날의 세계	세계화와 지속 가능한 발전	① 국가들이 **자유 무역 협정**을 체결해 자유롭게 교역 ② **세계 무역 기구(WTO)**를 통해 자유 무역을 활성화 → **세계화** 시대를 맞음 ③ 지속 가능한 발전을 위해 **파리 협정**을 맺음!

세계사 능력 시험

01 다음 선언을 한 인물에 대한 설명으로 알맞은 것은 무엇일까? ( )

더 이상 미국은 아시아에서 소련과 불필요한 경쟁을 하지 않겠습니다.

닉슨 대통령

① 뉴딜 정책을 실시했어요.
② 베를린 장벽을 무너뜨렸어요.
③ 세계 무역 기구를 설립했어요.
④ 베트남 전쟁에서 미군을 철수시켰어요.

02 ㉠에 들어갈 내용으로 알맞은 것은 무엇일까? ( )

수십 년간 독일의 수도를 가로지르던 ㉠ 장벽이 붕괴되었습니다. 냉전의 상징이었던 ㉠ 장벽의 붕괴는 냉전 시대의 종말을 보여주고 있습니다.

① 베를린
② 워싱턴
③ 노르망디
④ 스탈린그라드

03 다음은 소련의 해체를 보여주는 지도야. 이 시기에 일어난 일로 알맞은 것은 무엇일까? ( )

① 러일 전쟁이 일어났어요.
② 제2차 세계 대전이 일어났어요.
③ 소련이 독일과 동맹을 맺었어요.
④ 고르바초프가 냉전 경쟁을 멈췄어요.

04 (가)에 들어갈 내용으로 알맞은 것은 무엇일까? ( )

① 경제특구를 설치했어요.
② 양무운동을 실시했어요.
③ 뉴딜 정책을 추진했어요.
④ 변법자강 운동을 전개했어요.

 시험에 잘 나와!

05 (가)와 (나)의 공통점으로 알맞은 것은 무엇일까?
( )

(가) 나는 마오쩌둥의 뒤를 이어 중국의 지도자가 되었어요.

(나) 나는 소련의 지도자로 계속된 냉전 경쟁을 멈췄어요.

① 제3 세계를 이끌었어요.
② 독재 체제를 강화했어요.
③ 대약진 운동을 펼쳤어요.
④ 개혁·개방 정책을 추진했어요.

06 (가)에 들어갈 내용으로 알맞은 것은 무엇일까?
( )

유로는 __(가)__ 의 27개 회원국 중 20개국에서 쓰이는 화폐로, 전 세계에서 많이 사용되는 화폐 중 하나예요. 1993년 __(가)__ 이 탄생한 이후 유럽이 하나로 뭉치게 되면서 화폐를 관리하는 은행도 생겨났어요.

① 국제 연맹   ② 국제 연합
③ 유럽 연합   ④ 세계 무역 기구

07 밑줄 친 '이 기구'로 알맞은 것은 무엇일까?
( )

1995년 이 기구가 만들어졌어요. 이곳에서 회원국들이 지켜야 할 무역 원칙을 정하고, 무역 분쟁을 조정했어요.

① 국제 연합
② 세계 무역 기구
③ 바르샤바 조약 기구
④ 북대서양 조약 기구

08 다음 질문에 알맞은 답변을 한 사람은 누구일까?
( )

파리 협정에 대해 알려 주세요.

① 냉전 체제를 강화했어요.
② 온실 가스 배출을 줄이기 위해 맺었어요.
③ 협정을 맺은 국가끼리 관세를 없앴어요.
④ 협정 결과 유럽 연합이 세워졌어요.

한눈에 보는 세계사 연표

연도	유럽·아메리카	인도·서아시아·아프리카	동아시아	우리나라
	1588년 영국, 무적함대에 승리			1592년 임진왜란
1600			1616년 누르하치, 후금 건국	1623년 인조반정
		1653년 타지마할 완공		1636년 병자호란
	1682년 루이 14세, 베르사유 궁전으로 거처 옮김			
	1688년 영국 명예혁명		1689년 청나라와 러시아 국경 확정	
1700	1703년 러시아, 상트페테르부르크 건설			
	1769년 제임스 와트, 증기 기관 개량			
	1776년 미국 독립 선언			
	1789년 프랑스 혁명			1796년 수원 화성 완공
1800	1804년 나폴레옹 황제 즉위			
	1810년 볼리바르, 라틴 아메리카 독립운동 시작			1811년 홍경래의 난
	1814년 빈 회의			
		1839년 오스만 제국, 탄지마트 시행	1840년 제1차 아편 전쟁	
1850		1857년 세포이의 항쟁	1851년 태평천국 운동	
	1861년 이탈리아 왕국 건국	1869년 수에즈 운하 개통	1868년 메이지 유신 시작	1866년 병인양요
	1871년 독일 제국 선포			1871년 신미양요
				1876년 강화도 조약
				1884년 갑신정변
			1894년 청일 전쟁	1894년 동학 농민 운동
				1897년 대한 제국 선포

연도	유럽·아메리카	인도·서아시아·아프리카	동아시아	우리나라
1900			1904년 러일 전쟁	1905년 을사늑약
	1914년 제1차 세계 대전 발발		1911년 신해혁명	1909년 안중근, 이토 히로부미 저격 1910년 국권 피탈
	1917년 러시아 혁명		1919년 중국 5·4 운동	1919년 3·1 운동 1919년 대한민국 임시 정부 수립 1920년 청산리 대첩
	1929년 대공황 발생 1935년 독일, 베르사유 조약 파기			1926년 6·10 만세 운동 1932년 윤봉길 의거
	1939년 독일, 폴란드 침공(제2차 세계 대전) 1945년 제2차 세계 대전 종결		1937년 중일 전쟁 시작	1945년 광복
1950	1962년 쿠바 미사일 위기	1960년 아프리카 여러 나라가 독립	1975년 베트남 전쟁 종식	1950년 6·25 전쟁 1960년 4·19 혁명 1961년 박정희 군사 정변 1980년 5·18 민주화 운동
	1989년 베를린 장벽 붕괴 1991년 소련 해체 1993년 유럽 연합 출범			1991년 남북 동시 유엔 가입
2000	2015년 파리 협정			2000년 남북 정상 회담 개최

중국과 일본의 근대 개혁은 어떻게 달랐을까?

제3세계 NO WAR

정답 및 해설

1-1 절대 군주들이 지배한 유럽

정답 (30~31쪽)

1 ④ 2 ① 3 ② 4 ④ 5 ④
6 ③ 7 ①

1. 절대 왕정의 국왕은 자신의 권한이 신이 내려준 것이라고 주장했어. ④ 나라의 왕을 없앤 제도로는 공화정이 있어.
2. 무적함대를 이끌고 오스만 제국을 물리친 사람은 에스파냐의 펠리페 2세야.
3. 펠리페 2세의 무적함대를 물리친 사람은 영국의 엘리자베스 1세야. ③ 최초로 세계 일주에 성공한 건 마젤란 일행의 함대지.
4. 국민을 위해 프로이센에서 첫째가는 머슴이 되겠다고 말한 사람은 프로이센의 프리드리히 2세야. 프리드리히 2세는 의무 교육을 실시하려고 했지만 실패했지.
5. 프랑스의 루이 14세가 지은 건축물은 베르사유 궁전이야.
6. 러시아에 유럽과 직접 교류할 수 있는 항구 도시 상트페테르부르크를 지은 왕은 표트르 대제야. 표트르 대제는 서유럽의 문화와 제도를 받아들여 나라를 발전시켰지.
7. 지구가 태양의 주위를 도는 지동설을 주장한 (가)는 갈릴레이야. 모든 물체가 끌어당기는 힘이 있다는 사실을 밝혀낸 (나)는 뉴턴이지.

1-2 시민 혁명으로 새로운 나라가 나타나다

정답 (50~51쪽)

1 ③ 2 ③ 3 ① 4 ④ 5 ③
6 ④ 7 ②

1. 권리장전은 왕으로부터 의회의 권한을 인정한다는 내용을 담고 있어. 영국 의회는 명예혁명을 일으켜 왕을 교체하고 권리장전을 받아냈지.
2. 영국 배의 홍차를 버린 사건은 보스턴 차 사건이야. 이후 아메리카 식민지와 영국의 전쟁 끝에 아메리카 식민지가 독립하며 아메리카 합중국이 세워졌지.
3. 프랑스의 제3 신분은 평민이야. 제3 신분은 삼부회 표결 방식에 반발해 국민 의회를 결성했어.
4. 공포 정치를 펼친 ㉠은 로베스피에르야. 그는 프랑스 혁명에 반대한 사람들을 무자비하게 처형했어.
5. (가)는 나폴레옹이야. 나폴레옹은 국민 투표로 황제가 된 뒤 프랑스의 영토를 크게 넓혔지.
6. 나폴레옹이 쫓겨난 뒤, 각국들은 유럽을 프랑스 혁명 이전 상태로 돌리자는 빈 체제에 합의했어.
7. 프랑스의 루이 16세는 재정이 부족해지자 삼부회를 소집했어. 이때 제3 신분은 삼부회의 투표 방식에 반대하여 국민 의회를 결성했지. 루이 16세가 국민 의회를 진압하려고 하자 시민들은 바스티유 감옥을 습격했어. 이후 국민 의회는 프랑스 인권 선언문을 발표해 신분제를 폐지했지. 루이 16세가 처형당한 뒤 혼란에 빠졌던 프랑스는 나폴레옹이 집권해 황제에 즉위하면서 안정을 되찾았어.

1-3 유럽과 아메리카에 들어선 민족 국가

정답 70~71쪽

1 ③ 2 ① 3 ③ 4 ④ 5 ④
6 ① 7 ③ 8 ③

1 나폴레옹 전쟁 이후 민족끼리 힘을 합쳐 강한 나라를 만들자는 민족주의가 유럽에 퍼졌어.

2 붉은 셔츠단을 조직해 남부 이탈리아를 차지한 뒤 사르데냐 왕국에 바친 사람은 가리발디야.

3 프로이센의 수상으로 철혈 정책을 펼친 사람은 비스마르크야. 그는 독일 제국을 통일하는 일에 앞장섰지.

4 프로이센이 독일을 통일하려고 할 때, 오스트리아가 걸림돌이었어. 프로이센은 오스트리아와의 전쟁에서 승리한 뒤 독일 제국을 세웠지.

5 에스파냐에 맞선 볼리바르와 산 마르틴은 라틴 아메리카의 독립운동에 적극적으로 나선 사람들이야.

6 상공업이 발전했던 (가) 미국의 북부 주들은 노예 제도에 반대했어. 농장 지대의 (나) 남부 주들은 노예 제도에 찬성했지. 북부 주들이 남북 전쟁에서 승리하며 노예 제도가 폐지되었어.

7 19세기 미국에서는 골드러시로 많은 사람들이 금을 찾아 서부로 몰려들었어. 이때 동부와 서부를 잇는 대륙 횡단 철도가 놓여 서부가 더욱 발전하게 되었지.

8 남북 전쟁에서 북부군을 승리로 이끈 사람은 링컨이야. 링컨은 노예 제도에 반대했지.

1-4 산업 혁명으로 사회가 변화하다

정답 90~91쪽

1 ② 2 ② 3 ④ 4 ① 5 ③
6 ② 7 ④ 8 ③

1 영국은 기계를 만드는 데 필요한 철광석과 석탄이 풍부해 산업 혁명이 일어나는 데에 유리했어.

2 사진 속 기계는 제임스 와트가 개량한 증기 기관이야. 증기 기관의 개량으로 물건의 대량 생산이 가능해졌지.

3 영국에서 방적기의 발명 이후 새로운 기계가 계속 발명되면서 산업이 더욱 발전하게 되었어.

4 ① 콜럼버스는 1492년, 아메리카로 가는 새로운 항로를 발견한 탐험가로, 19세기 산업 혁명과는 관련이 없어.

5 면직물의 고급화로 산업을 발전시킨 나라는 프랑스야. 국가 주도의 산업화로 나라를 발전시킨 건 독일이지.

6 영국에서 열린 세계 최초의 만국 박람회는 19세기 산업 혁명의 성과를 보여주었어. 이 시기에 부르주아라고 불리는 자본가들이 등장했지.

7 어린이들이 공장에서 10시간도 넘게 일하던 때는 산업 혁명이 일어나던 19세기야. 이때 노동자들은 공장에서 착취당하며 비참한 생활을 해야만 했어.

8 노동자 계급이 투쟁을 통해 사회주의 사회를 건설해야 한다고 주장한 사람은 마르크스야.

2-1 제국주의 국가들이 세계를 나눠 갖다

> **정답** 112~113쪽
> 1 ①　2 ③　3 ④　4 ④　5 ①
> 6 ④　7 ②　8 ④

1. 제국주의 정책을 펼친 열강들은 약소국을 침략해 식민지로 만들었어. ① 식민지 사람들은 열강들에게 착취당해 큰 고통을 겪었지.
2. 열강들은 베를린 회의에서 아프리카 대륙을 식민지로 나눠 갖는 원칙을 논의했어.
3. 오스만 제국은 그리스, 루마니아, 이집트 등 여러 나라들이 독립하고, 유럽 열강들이 영토를 빼앗자 쇠퇴하게 되었어.
4. 오스만 제국은 탄지마트라는 개혁을 실시해 서양식 군대와 의회를 만들었어.
5. 지중해에서 바로 인도양으로 갈 수 있는 ㉠은 수에즈 운하야. 수에즈 운하는 이집트가 만들었어.
6. 소, 돼지 기름으로 인해 용병들이 영국에 일으킨 항쟁은 세포이 항쟁이야. 영국은 세포이 항쟁 이후 인도에 우호적인 정책을 펼치며 지배하는 방식을 바꿨지.
7. 영국이 인도인들의 불만을 잠재우기 위해 만든 단체는 인도 국민 회의야. ② 베를린 회의는 유럽 열강들만 참여했어.
8. (가)는 베트남으로 프랑스의 식민지였어. (나)는 필리핀이야. 필리핀은 본래 에스파냐의 식민지였는데, 훗날 미국의 식민지가 되었지.

2-2 중화민국이 탄생하다

> **정답** 132~133쪽
> 1 ①　2 ④　3 ②　4 ①　5 ④
> 6 ②　7 ①　8 ②

1. 영국은 청나라에 아편을 수출해 그동안 청나라와의 무역에서 보았던 적자를 해결했어.
2. 청나라가 아편을 금지하자 일어난 전쟁은 아편 전쟁이야. 청나라는 아편 전쟁에서 영국에게 패해 난징 조약을 맺고 항구를 개항했어.
3. 홍수전은 평등사상을 내세워 태평천국 운동을 일으켰어. ② 증국번, 이홍장은 태평천국을 진압하는 데 공을 세웠지.
4. 증국번, 이홍장이 서양 기술을 받아들이자며 일으킨 개혁은 양무운동이야. ① 양무운동은 서양의 기술만 받아들이고 의회나 헌법 등 제도는 받아들이지 않았어.
5. 캉유웨이가 이끈 개혁은 변법자강 운동이야. 서태후 등 보수 세력의 반대로 실패하고 말았지.
6. 쑨원은 민족, 민권, 민생 등 삼민주의를 주장하며 혁명을 일으키려고 했어.
7. 1911년 청나라 정부가 민간 철도를 빼앗자 전국 각지에서 봉기가 일어난 사건은 신해혁명이야.
8. 쑨원이 난징을 수도로 삼고 세운 공화국은 중화민국이야.

2-3 일본이 아시아 최강국이 되다

정답 152~153쪽

1 ④ 2 ② 3 ③ 4 ② 5 ③
6 ② 7 ② 8 ③

1 나가사키에 데지마를 두고 네덜란드와 교류한 막부는 에도 막부야. 에도 막부는 외국 상인들이 정해진 항구에서만 무역을 하게 했어.

2 에도 막부는 미국과 한 번 더 조약을 맺었어. 일본이 세금을 마음대로 정하지 못하고, 죄를 저지른 미국인을 일본 법이 아닌 미국 법에 따라 처벌하는 불평등한 조약이었지. 4개의 항구도 추가로 열었지.

3 반막부 세력이 에도 막부를 몰아내고 수립한 정부는 메이지 정부야. 메이지 정부는 근대적 개혁인 메이지 유신을 추진했지.

4 에도가 도쿄로 이름이 바뀐 건 메이지 정부 때의 일이야. ② 무적함대는 에스파냐의 절대 군주 펠리페 2세가 만들었지.

5 강화도 조약은 일본이 일으킨 운요호 사건을 계기로 맺어졌어.

6 일본은 조선을 무시하고 경복궁을 점령한 다음 청나라를 공격해 청일 전쟁을 일으켰어.

7 일본이 청나라로부터 랴오둥반도를 얻어내자 러시아, 프랑스, 독일 삼국은 일본을 압박해 랴오둥반도를 돌려주게 했어. 이를 삼국 간섭이라 해.

8 러시아와 일본이 싸운 ㉠ 전쟁은 러일 전쟁이야. 러일 전쟁 이후 조선은 일본의 식민지가 되었어.

2-4 제1차 세계 대전의 소용돌이 속에서

정답 172~173쪽

1 ① 2 ③ 3 ④ 4 ① 5 ②
6 ④ 7 ① 8 ①

1 발칸반도에서 제1차 세계 대전이 시작되기 직전, 유럽은 독일, 오스트리아, 이탈리아가 힘을 합친 3국 동맹과 프랑스, 영국, 러시아가 힘을 합친 3국 협상으로 나누어져 있었어.

2 오스트리아 황태자가 세르비아 청년이 쏜 총에 죽은 사건은 사라예보 사건이야. 이로 인해 오스트리아가 세르비아에 전쟁을 선포하면서 제1차 세계 대전이 일어났어.

3 독일은 영국으로 향하는 배를 모두 공격하는 무제한 잠수함 작전을 펼쳤어. 이 작전으로 미국 배가 침몰하게 되자 미국은 제1차 세계 대전에 참여하게 되었지.

4 제1차 세계 대전 이후 유럽의 국가들은 베르사유 조약을 맺었어. 전쟁에 패배한 독일은 이 조약에서 전쟁의 책임을 져야 했지.

5 제1차 세계 대전 이후 전쟁 방지 목적으로 만든 기구는 국제 연맹이야.

6 2월 혁명으로 러시아 제국이 붕괴되고 임시 정부가 들어섰어. 이후 레닌은 10월 혁명을 일으켜 임시 정부를 무너뜨리고 소비에트 연방을 수립했지.

7 쑨원은 5·4 운동을 계기로 국민당을 세웠어. 이후 일본과 맞서기 위해 공산당과 힘을 합쳤지.

8 간디는 영국이 소금법을 만들자 바닷가까지 행진하는 방식으로 영국에 맞서 싸웠어.

3-1 호황과 불황, 계속되는 위기

> **정답** 194~195쪽
> 1 ④ 2 ④ 3 ③ 4 ③ 5 ③
> 6 ④ 7 ① 8 ③

1. 제1차 세계 대전 이후 미국은 호황을 누렸어. 대량 생산 방식을 적용해 싼값에 많은 물건을 만들어 냈지.

2. 대공황은 대량 생산된 물건들이 재고로 쌓이자 경제가 침체되며 일어났어. ②와 ③은 대공황의 영향으로 일어난 일이야.

3. 미국의 32대 대통령이자 뉴딜 정책으로 경제 위기를 극복한 사람은 루스벨트야.

4. 대공황이 일어나자 미국은 경제 위기를 해결하기 위해 정부가 적극적으로 개입하는 뉴딜 정책을 실시했어. 댐 건설, 도로 건설 등 정부 주도의 큰 공사를 벌였지.

5. 제1차 세계 대전 이후 불만이 많은 이탈리아에 나타난 ㉠은 무솔리니야. 무솔리니는 국가를 강조하는 ㉡ 파시즘을 주장하며 독재 정치를 실시했지.

6. 제1차 세계 대전에서 패배한 독일은 막대한 전쟁 배상금을 갚아야 했어. 그래서 돈을 마구 찍어냈지만 물가가 한없이 뛰어오르며 국민들이 고통받았지.

7. 히틀러는 독일 민족의 우수성을 내세우며 나치당을 이끌고 독재 정치를 실시했어.

8. 대공황이 일어나자 미국은 정부가 경제에 적극 개입하며 경제 위기에 대처했고, 독일에서는 히틀러가 독재 정치를 펼쳤어. ② 히틀러는 사회주의자를 희생양으로 삼았지.

3-2 또다시 일어난 세계 대전

> **정답** 214~215쪽
> 1 ③ 2 ③ 3 ④ 4 ① 5 ④
> 6 ④ 7 ④ 8 ②

1. 독일의 히틀러는 체코슬로바키아를 침략한 뒤 폴란드까지 침략하며 제2차 세계 대전을 일으켰어.

2. 난징 대학살은 중일 전쟁 때 일어난 사건이야. 일본은 중일 전쟁 중에 중국의 베이징과 톈진을 점령했어.

3. 일본이 하와이를 기습 공격하면서 태평양 전쟁이 벌어졌어. 일본은 미국의 경제적인 압박에 반발하며 전쟁을 일으켰지.

4. 제2차 세계 대전 때 세계는 미국, 영국, 프랑스가 힘을 합친 연합국 진영과 독일, 일본, 이탈리아가 힘을 합친 추축국 진영으로 나뉘었어.

5. 독일이 불가침 조약을 깨고 소련을 공격하자, 소련은 끝까지 죽기 살기로 맞서 싸웠어. 결국 스탈린그라드 전투에서 승리하며 기세를 잡게 되었지.

6. 독일이 폴란드를 공격하면서 제2차 세계 대전이 시작되었어. 독일은 프랑스를 비롯한 유럽 대부분을 점령했고, 일본은 하와이를 습격하며 태평양 전쟁을 일으켰어. ④ 사라예보 사건은 제1차 세계 대전 때 일이야.

7. 독일이 항복한 뒤에도 일본은 끝까지 저항했어. 이에 미국은 일본에 원자 폭탄을 떨어뜨려 항복을 받아냈지.

8. 제2차 세계 대전 이후 세계 평화를 지키기 위해 만들어진 기구는 국제 연합이야. ① 국제 연맹은 제1차 세계 대전 이후 만들어진 기구지.

3-3 냉전으로 국제 사회가 얼어붙다

정답 234~235쪽

1 ② 2 ② 3 ③ 4 ④ 5 ③
6 ① 7 ④ 8 ②

1 제2차 세계 대전 이후 ㉠ 공산주의 진영과 ㉡ 자본주의 진영으로 나뉘어 대립하는 냉전이 벌어졌어. 공산주의 진영에는 소련, 중국 등이 있고, 자본주의 진영에는 미국, 영국 등이 있지.

2 제2차 세계 대전에서 패배한 독일은 소련이 관리하는 동독과 미국, 영국, 프랑스가 관리하는 서독으로 나뉘었어. 이후 수도 베를린에는 동서를 가로지르는 베를린 장벽이 설치되었지.

3 국공 내전에서 공산당을 승리로 이끈 뒤 중화 인민 공화국을 세운 사람은 마오쩌둥이야. 마오쩌둥은 대약진 운동을 벌여 경제를 발전시키려고 했지.

4 6·25 전쟁, 베트남 전쟁은 냉전 시기에 아시아에서 자본주의 세력과 공산주의 세력이 싸운 열전이야.

5 ㉢ 소련은 프랑스가 아닌 알제리의 독립운동을 지원해 주었어.

6 인도는 힌두교와 이슬람교의 종교 갈등으로 인도와 파키스탄으로 분리해 독립했어.

7 냉전 시기, 소련이 미국과 가까운 쿠바에 미사일 기지를 세우려고 하자 미국이 크게 반발했어.

8 제3 세계는 자본주의와 공산주의 진영에 속하지 않은 국가들을 이르는 말이야. 대표적인 나라로 인도가 있지.

3-4 현대 사회의 세계 질서

정답 254~255쪽

1 ④ 2 ① 3 ④ 4 ① 5 ④
6 ③ 7 ② 8 ②

1 미국의 닉슨 대통령은 아시아에서 소련과 불필요한 경쟁을 하지 않겠다고 선언한 뒤 베트남 전쟁에서 미군을 철수시켰어.

2 독일의 수도를 가로지르던 장벽이 있던 ㉠은 베를린이야. 베를린 장벽의 붕괴는 냉전 시대의 종말을 보여주는 대표적인 사건이지.

3 소련의 해체는 고르바초프가 냉전 경쟁을 멈추겠다고 선언하면서 시작되었어.

4 중국의 덩샤오핑은 경제특구를 설치하고, 외국 기업에 특혜를 주는 등 개방 정책을 추진했어.

5 마오쩌둥의 뒤를 이은 사람은 덩샤오핑, 냉전 경쟁을 멈춘 소련의 지도자는 고르바초프야. 덩샤오핑과 고르바초프는 개혁·개방 정책을 추진했다는 공통점을 가지고 있어.

6 유로는 유럽 연합에서 사용하는 화폐야. 독일, 프랑스 등 유럽 연합에 속한 대부분의 국가들은 유로를 사용하고 있지.

7 1995년에 세워진 기구로, 무역 원칙을 정하고, 무역 분쟁을 조정하는 기구는 세계 무역 기구(WTO)야.

8 국제 연합 회원국들은 파리 협정을 맺어 온실 가스 배출을 줄이자고 했어.

찾아보기

ㄱ
가리발디 57~58
간디 169~170, 230
갈릴레이 26~27
강화도 조약 145~146
개혁 개방 241, 243~245
검은 목요일 182
계몽사상 28
고르바초프 241, 243
골드러시 66~67
과학 혁명 27
국공 내전 222
국민 의회 41~42
국제 연맹 164
국제 연합 211~212, 240, 251
권리 장전 36

ㄴ
나치당 188~190
나폴레옹 44~48, 51, 56, 63~64, 157, 202
난징 대학살 204~205, 211
난징 조약 120
남북 전쟁 68, 163
냉전 23, 208, 219, 221, 224, 226~227, 232, 239~243
노동자 40, 76, 84~88, 122, 165~166, 168, 180, 222
노르망디 209
뉴딜 정책 184~185
뉴턴 27

ㄷ
대공황 182~184, 187~189
대량 생산 방식 77, 179~180, 182
대륙 봉쇄령 45
대륙 횡단 철도 67
대서양 헌장 211~212, 228
대약진 운동 223
덩샤오핑 244
데탕트 240
도쿄 137, 143~144, 212
독립 선언서 38, 67

독일 제국 61~63, 158

ㄹ
라틴 아메리카 64~66
러일 전쟁 149~150, 159
레닌 166, 208
로베스피에르 43
루스벨트 184, 206, 211
루이 14세 20~21, 42
링컨 68

ㅁ
마오쩌둥 222~223, 240, 244
만국 박람회 83
메이지 유신 141~144, 146~147
면직물 산업 75, 77, 104
명예혁명 36
무솔리니 186~187, 189, 199, 203
무적함대 16~19
무제한 잠수함 작전 163
미드웨이 해전 206~207
민족주의 55~57, 61, 63, 99, 128, 190, 192
민주 공화국 37, 39

ㅂ
바르샤바 조약 기구 221
바스티유 감옥 42~43
방적기 76, 78
방직기 76, 78
베르사유 궁전 20~21, 63, 164
베르사유 조약 164, 167, 188, 191
베를린 장벽 221, 240~242
베를린 회의 109~110
베트남 전쟁 225, 232, 239
변법자강 운동 126~127
보스턴 차 사건 37
볼리바르 64~65
부르주아 40, 48, 83
북대서양 조약 기구 221
불가침 조약 200, 208
비스마르크 61~63, 80, 109, 157~158
비폭력·불복종 운동 169~170

빈 체제 47~48

ㅅ
사회 진화론 98
사회주의 86~88, 165~166, 187, 189, 192, 200, 203, 208~209, 219, 231
산 마르틴 64~65
산업 혁명 77~84, 86, 97~99, 104, 138, 250
3국 동맹 157~161, 186
3국 협상 159~160, 165
삼국 간섭 148
삼민주의 128, 130
삼부회 40~41, 43
상비군 16, 21~22
상트페테르부르크 24~25
서태후 126~127
석탄 77, 80~81, 206, 246, 250
선거법 개정 85
세계 무역 기구 248
세계의 공장 245
세포이의 항쟁 104~106
소련의 해체 243
소비에트 연방(소련) 166
수에즈 운하 101~102, 149, 159
스와데시 운동 106
스와라지 운동 106
스탈린 200, 208, 224
스탈린그라드 전투 208~210
10월 혁명 165~166
시모노세키 조약 147
신해혁명 128~130
14개조 평화 원칙 164
쑨원 128~130, 168

ㅇ
아편 전쟁 119, 121~122, 124, 146
알제리 전쟁 229
양무운동 124~126, 146~147
엘리자베스 18~19
엠파이어 스테이트 빌딩 181
5·4 운동 167~169
오스트리아 44, 47, 57~62, 157, 160~161, 163, 186, 199

운요호 145
원자 폭탄 210
위안스카이 129~130
유럽 공동체 246~247
유럽 석탄 철강 공동체 246
유럽 연합 247~248
6·25 전쟁 224~225
의화단 운동 127
의회 35~37, 39, 41, 84~85, 88, 99, 103, 125~126, 165, 187, 190, 247
2월 혁명 165~166
이와쿠라 사절단 143
이탈리아 왕국 58
이홍장 124
인구 증가 82
인도 국민 회의 105~106
임칙서 119
입헌 군주제 36

자본주의 86, 88, 184, 219~221, 224~225, 227, 229, 231~232, 241, 244
자유 무역 248~249
자유주의 48, 61
장제스 168, 222
전신 78, 98
전화 78~79, 82, 240
절대 군주 15~17
절대 왕정 15~17, 20, 26, 28, 42
제1차 세계 대전 100, 160, 162~169, 179, 181, 186~188, 202, 223
제2차 세계 대전 184, 187~188, 199~201, 203, 205, 207~208, 210~212, 219, 221~222, 224, 228, 246, 252
제3 세계 231
제국주의 97~98, 102, 108, 110, 138, 145, 167, 230
제임스 와트 77
조닌 137
조지 워싱턴 38~39
주식 회사 182~138
중상주의 16
중일 전쟁 204, 206
중화 인민 공화국 222~223

중화민국 128~130, 168, 205, 222
증국번 124
증기 기관 76~78, 97
증기선 78
지구 온난화 250, 252
지동설 26
지속 가능한 발전 250~251

차티스트 운동 85
처칠 211
철강 77, 80~81, 163, 246
철도 66~67, 78, 81, 101, 125, 127, 129
철혈 정책 61~62
청나라 117~130, 138~140, 146~150
청일 전쟁 125~126, 145~148
총력전 162
추축국 203, 209~210

카를 마르크스 86
카보우르 57
칼레 해전 19
캉유웨이 126~127
코페르니쿠스 26
쿠바 미사일 위기 226
크리오요 64~65

ㅌ

탄지마트 99
태평양 전쟁 206
태평천국 122~124

ㅍ

파리 협정 251
파쇼다 사건 110
파시즘 186~187
파키스탄 230~231
펠리페 2세 16~19
표트르 24~25
프랑스 인권 선언문 42

프랑스 혁명 40~43, 47~48, 56
프로이센 22~23, 44, 60~63
프리드리히 22~23
핑퐁 외교 239

홀로코스트 211
홍수전 122~123
화학 공업 81
히틀러 188~192, 199~203, 208~210

사진 제공

[위키피디아]

Jiuguang Wang, Nicolás Pérez, JnMrlth, Ziko van Dijk, Kawahara Keiga, Mariordo (Mario Roberto Durán Ortiz), Bundesarchiv, Gutjahr, Zelma / Георгий Зельма, Министерство обороны России, Saber68, Vladimir Vyatkin, Lear 21

- 이 책의 사진은 셔터스톡과 어도비스톡, Alamy의 사진을 사용했습니다.
- 퍼블릭 도메인은 따로 표기하지 않았습니다.
- 이 책에 쓴 사진은 해당 사진을 보유하고 있는 단체와 저작권자의 허락을 받아 게재한 것입니다.
- 저작권자를 찾지 못하여 게재 허락을 받지 못한 사진은 저작권자를 확인하는 대로 게재 허락을 받고, 출판사 통상 기준에 따라 사용료를 지불하겠습니다.

용선생 교과서 세계사 2 | 절대 왕정부터 현대 세계까지

1판 1쇄 발행 2023년 12월 18일
1판 6쇄 발행 2025년 3월 17일

글	송용운, 김언진, 길병민, 한승준, 김보미, 정엄지
그림	뭉선생
감수	전국초등사회교과모임
캐릭터	이우일
어린이사업본부	이승필
편집	송용운, 김언진, 오영인, 김형겸, 윤선아
마케팅	윤영채, 정하연, 안은지, 박찬수, 강수림
경영지원	나연희, 주광근, 오민정, 정민희, 김수아, 김승현
디자인	가필드

펴낸이	윤철호
펴낸곳	(주)사회평론
전화	02-326-1182
팩스	02-326-1626
주소	03993 서울시 마포구 월드컵북로6길56 사평빌딩
용선생 클래스	yongclass.com
출판등록	1993년 10월 6일 제10-876호

© 사회평론, 2023

ISBN 979-11-6273-319-6 73900

- 이 책 내용의 일부나 전부를 다시 사용하려면 사회평론의 동의를 받아야 합니다.
- 잘못 만들어진 책은 구입하신 곳에서 바꾸어 드립니다.

이 제품은 KC안전기준을 통과하였습니다.